伊洛淵源録

〔宋〕朱熹　撰

齊魯書社
·濟南·

圖書在版編目（CIP）數據

伊洛淵源録 / (宋) 朱熹撰. -- 濟南 : 齊魯書社, 2024. 9. -- (《儒典》精粹). -- ISBN 978-7-5333-4947-9

Ⅰ. B244.65

中國國家版本館CIP數據核字第2024PV5745號

責任編輯　劉　强　馬素雅
裝幀設計　亓旭欣

伊洛淵源録

YILUO YUANYUAN LU

〔宋〕朱熹　撰

主管單位	山東出版傳媒股份有限公司
出版發行	齊魯書社
社　　址	濟南市市中區舜耕路517號
郵　　編	250003
網　　址	www.qlss.com.cn
電子郵箱	qilupress@126.com
營銷中心	（0531）82098521　82098519　82098517
印　　刷	山東臨沂新華印刷物流集團有限責任公司
開　　本	880mm × 1230mm　1/32
印　　張	11
插　　頁	2
版　　次	2024年9月第1版
印　　次	2024年9月第1次印刷
標準書號	ISBN 978-7-5333-4947-9
定　　價	88.00圓

《〈儒典〉精粹》出版説明

《儒典》是對儒家經典的一次精選和萃編，集合了儒學著作的優良版本，展示了儒學發展的歷史脉絡。其中，《義理典》《志傳典》共收録六十九種元典，由齊魯書社出版。鑒於《儒典》采用套書和綫裝的形式，部頭大，價格高，不便於購買和日常使用，我們決定以《〈儒典〉精粹》爲叢書名，推出系列精裝單行本。

叢書約請古典文獻學領域的專家學者精選書目，并爲每種書撰寫解題，介紹作者生平、內容、版本流傳等情況，文簡義豐。叢書共三十三種，主要包括儒學研究的代表性專著和儒學人物的師承傳記兩大類。版本珍稀，不乏宋元善本。對於版心偏大者，適度縮小。爲便於檢索，另編排目録。不足之處，敬請讀者朋友批評指正。

齊魯書社

二〇二四年八月

《〈儒典〉精粹》書目（三十三種三十四册）

孔氏家語	荀子集解	孔叢子
春秋繁露	春秋繁露義證	鹽鐵論
新序	揚子法言	白虎通德論
潛夫論	中説	太極圖説　通書
龜山先生語録	張子語録	傳習録
張子正蒙注	先聖大訓	近思録
四存編	孔氏家儀	帝範
帝學	温公家範	文公家禮
聖門禮樂誌	東家雜記	孔氏祖庭廣記
伊洛淵源録	伊洛淵源續録	國朝漢學師承記
國朝宋學淵源記	孔子編年	孟子年表

解題

伊洛淵源録十四卷，宋朱熹撰，元至正刻本

是書成於乾道癸巳（九年，一一七三），爲記載宋代理學源流之著作，記周敦頤以下二程及交游門弟子言行，以倡聖學之道；其身列程門而言行無所表見，甚若邢恕之反相擠害者，亦具録其名氏以備考。因伊水、洛水流經洛陽，程顥、程頤爲洛陽人，書之命名以此。卷一爲『濂溪先生』（周敦頤），事狀附遺事十四條。卷二卷三爲『明道先生』（程顥），行狀附門人朋友叙述，書行狀後、哀詞、墓表、贊，及遺事二十七條。卷四爲『伊川先生』（程頤），年譜、祭文、奏狀、遺事二十一條。卷五爲『康節先生』（邵雍），墓志銘、行狀略、遺事十五條。卷六爲『横渠先生』（張載），行狀等及遺事十九條；『張御史』（張戩），行狀及遺事五條。卷七爲『吕侍講』（吕希哲），家傳略及遺事；『范内翰』（范祖禹），遺事五條；『楊學士』（楊國寶），祭文及遺事六條；『朱給事』（朱光庭），墓志銘、祭文及遺事四條。卷八爲『劉博士』（劉絢），墓志銘、祭文及遺事五條；『李校書』（李籲），

祭文二篇及遺事二條；『藍田吕氏兄弟』，含寶文（吕大忠）之小傳，宣義（吕大鈞）之行狀略、墓表銘，正字（吕大臨）之祭文、雍行録及遺事十一條。卷九爲『蘇學士』（蘇昞），奏狀及遺事三條；『謝學士』（謝良佐），遺事二十條；『游察院』（游酢），墓志銘及遺事五條。卷十爲『楊文靖公』（楊時），墓志銘、龜山志銘辯、答陳幾叟書、記差市易務事始末、行狀略。卷十一爲『劉起居』（劉安節），墓志銘、遺事；『尹侍講』（尹焞），墓志銘及遺事十條。卷十二爲『張思叔』（張繹），遺事三條；『馬殿院』（馬伸），逸士狀、續記、遺事三條；『侯師聖』（侯仲良），遺事三條；『王著作』（王蘋），墓志銘。卷十三爲『胡文定公』（胡安國），行狀略。卷十四爲『程氏門人無記述文字者』，王端明（名巖叟）、劉承議（名立之）、林大節（不詳其鄉里名字）、張閎中（不詳其名字）、馮聖先（名理）、鮑商霖（名若雨）、周伯忱（名孚先）、唐彦思（名棣）、謝用休（名天申）、潘子文（名旻）、陳貴一（名經正）與其弟經邦貴叔、李嘉仲（名處遯）、孟敦（名厚）、范文甫、暢中伯（以上二人不詳其名）、李先之（名朴）、暢潛道（名大隱）、郭立之（名忠孝）、周恭叔（名行己）、邢尚書（名恕），凡二十人姓名字號等。

書前有至正癸未（三年，一三四三）昭武黄清老序、蘇天爵序，後有至正九年（一三四九）永嘉李世安《伊洛淵源後叙》。按諸序并《後叙》所謂『大參蘇公伯脩頃在鄂省，鋟梓武昌郡庠；及蒞浙省，又命刊于吴學』云云，知刻於鄂省者至正癸未也，刻於浙省者至正九年也。此後，有明弘治十三年成都志古堂刻本（即楊廉增補本）、明嘉靖乙丑四十四年刻本、清鈔《四庫全書》本等。《四庫全書總目》云：『蓋宋人談道學宗派，自此書始；而宋人分道學門户，亦自此書始。』

徐　泳

目録

伊洛淵源録卷第六

伊洛淵源録卷第七

伊洛淵源録卷第八

伊洛淵源録卷第九

伊洛淵源録序

聖人之道自孟子没其學不傳歴漢晉隋唐
端邪說一千五百有餘年矣濂溪周子始倡
陵子程子廓而大之振綱挈維發鑰啓鍵曰
篤行曰存養曰省察蔽之以一言則曰敬體用動靜
本末上下一以貫之嗚呼至矣昔在春秋堯舜禹湯
文武之道不行吾夫子作六經天地賴以有立迨及
戰國楊墨塞塗孟子闢之人道由是不墜子程子之
先去聖人遠矣乃能因遺經繼絶學辨佛老斥百家
孔子之道得以復明於萬世孟子以後一人而已當
是之時天下英材雲從風應立其門傳其學祖述推

明左右羽翼雖資器有大小聞見有淺深要其功化
一變歷代習俗之陋而反之于唐虞三代洙泗以來
未之有也朱子取其最顯著者四十有六人彙於一
編題曰伊洛淵源錄竊惟伊洛之傳在諸子辟之水
焉其行乎地中支分派別奚啻萬不同然窮其所出
則初無二源也嗚呼盛哉
大參趙郡蕪公志在斯文藏此本唯既而歎曰詞章
之盛性命之衰也盍廣吾傳乎特
湖北道貳憲仲溫公見之曰是誠天命在焉人不可
以不聞道豈獨學者哉乃以公[illegible]鋟於鄂宮嗚呼學
者讀伊洛之書求伊洛之道尚論其人及其世與其

所友而有以興其高山景行之思則此編者亦可以見大意矣至正癸未十月朔後學邵武黃清老敬序

伊洛淵源録序

伊洛淵源録者新安子朱子之所輯也朱子既録八朝名臣言行復輯周程張邵遺事以為是書則汴宋一代人材備矣天爵家藏是書有年及來鄂省謀於憲府諸公刋置郡學與多士共傳焉間嘗誦程子之言曰周公沒百世無善治孟軻死千載無真儒蓋治不出於真儒雖治弗善也自聖賢既遠治教漸衰漢唐數百年間逢掖之徒豈無名世者歟蓋溺於詞章

記誦之習者既不足以知道德性命之原謀於權謀功利之說者又不足以求禮樂刑政之本此教之所以不明治之所以弗古若也宋氏之興儒先挺出周子得不傳之學於圖書闡發幽秘二程子擴大而推明之窮理致知以究其極張子邵子則又上下其論議然後天理之微人倫之著事物之衆鬼神之幽煥然復明于世一時及門之士講明正學風采言論各有所傳朱子悉登載於是書以為訓焉其有望于天下後學可謂至矣蓋自古為政者必明道術以正人心育賢材以興治化然則是書所述其有關於世教已夫昔我

世祖皇帝既定天下惇崇文化首徵覃懷許文正公為
之輔相文正之學尊明孔孟之遺經以及伊洛諸儒
之訓傳使夫道德之言衣被四海故當時學術之正
人材之多而文正之有功於
聖世蓋有所不可及焉逮
仁廟臨御肇興貢舉網羅俊彥其程試之法表章六經
至於論語大學中庸孟子專以周程朱子之說為主
定為
國是而曲學異說悉罷黜之是則
列聖所以明道術以正人心育賢材以興治化者其功
用顧不重且大歟夫伊洛之書固家傳而人有之然

學之者欲以見諸實用非徒誦習其文以為决科之計而已嘗即是書而攷之謂人君當防未萌之欲輔養君德要使跬步不離正人謂一命之士苟存心於愛物於人必有所濟則正主庇民之道豈有外此者乎謂殺人以媚人吾不為也謂薦士當以才之所堪不當問所欲則慎刑官人之法豈有不本於此者乎其他一言行之嘉一政令之善莫不皆可以為法焉讀者能即是而求之本乎聖賢脩己之學自不溺於詞章記誦之習明乎聖賢治人之方必不訹於權謀功利之說庶幾先儒次輯是書有望於後學者哉蓋學問之傳授不以時世而存亡師友之淵源不以

風俗而間斷然而異儒無志者不是以有望必得豪
傑特立之士觀感興起知求聖賢之學而學焉則真
儒善治之效可得而致矣至正癸未十月既望後學
趙郡蘇天爵書

伊洛淵源錄卷第一

濂溪先生

事狀

先生世家道州營道縣濂溪之上姓周氏名惇實後避英宗舊名改惇頤用舅氏龍圖閣學士鄭公向奏授洪州分寧縣主簿縣有獄久不決先生至一訊立辨衆口交稱之部使者薦以爲南安軍司理參軍移郴及桂陽令用薦者改大理寺丞知洪州南昌縣事簽書合州判官事通判虔州事改永州權發遣邵州事熙寧初用趙清獻公呂正獻公薦爲廣南東路轉運判官改提點刑獄公事未幾而病亦會水齧其先墓遂求南康

軍以歸既葬上其印綬分司南京時趙公再尹成都復奏起先生朝命及門而先生卒矣熙寧六年六月七日也年五十有七葬江州德化縣清泉社先生博學力行聞道甚早遇事剛果有古人之風為政精密嚴恕務盡道理嘗作太極圖易說易通數十篇在南安時年少不為守所知洛人程公珦攝通守事視其氣貌非常人與語知其為學知道也因與為友且使其二子往受學焉及為郎故事當舉代每一遷授輒以先生名聞在郴時郡守李公初平知其賢與之語而歎曰吾欲讀書何如先生曰公老無及矣某也請得為公言之於是初平日聽先生語二年果有得而程公二子即所謂河南二先生者

也南安獄有囚法不當死轉運使王逵欲深治之逵苛刻吏無敢與相可否先生獨力爭之不聽則置手板歸取告身委之而去曰如此尚可仕乎殺人以媚人吾不為也逵亦感悟囚得不死在郴桂陽皆有治績來南昌縣人迎喜曰是能辨分寧獄者吾屬得所訴矣於是更相告語莫違教命蓋不惟以抵罪為憂實以汙善政為恥也在合州事不經先生手吏不敢決苟下之民不肯從蜀之賢人君子皆喜稱之趙公時為使者人或讒先生趙公臨之甚威而先生處之超然然趙公疑終不釋及守虔先生適佐州事趙公熟視其所為乃寤執其手曰吾幾失君矣今日乃知周茂叔也於邵州新學校以教其

人及使嶺表不憚出入之勤瘴毒之侵雖荒崖絶島人跡所不至者亦必緩視徐按務以洗冤澤物爲己任施設措置未及盡其所爲而病以歸矣自少信古好義以名節自砥礪奉己甚約俸祿盡以周宗族奉賓友家或無百錢之儲李初平卒子幼護其喪歸葬之又往來經紀其家始終不懈及分司而歸妻子饘粥或不給而亦曠然不以爲意也襟懷飄灑雅有高趣尤樂佳山水遇適意處或徜徉終日廬山之麓有溪焉發源於蓮華峯下潔清紺寒下合於湓江先生濯纓而樂之因寓以濂溪之號而築書堂於其上豫章黃太史庭堅詩而序之曰茂叔人品甚高胸中灑落如光風霽月知德者亦深

有取於其言云

遺事十四條

伊川先生作其父太中公家傳曰公嘗假倅南安軍獄掾周惇實甚少不為守所知公視其氣貌非常人與語果為學知道者因與為友及為郎官故事當舉代每遷授輙一薦之

伊川先生作明道先生行狀曰先生自十五六時聞汝南周茂叔論道遂厭科舉之業慨然有求道之志

河間劉立之敘述明道先生事曰先生從汝南周惇頤問學窮性命之理率性會道體道成德出入孔孟從容不勉

程氏門人記二先生語曰昔受學於周茂叔令尋顏子仲尼樂處所樂何事

又曰明道先生言自再見周茂叔後吟風弄月以歸有吾與點也之意又曰李初平見周茂叔云某欲讀書如何茂叔云公老矣無及矣待某只說與公初平遂聽說話二年乃覺悟

又曰王君貺嘗見茂叔為與茂叔世契便受拜及坐間大風起說大畜卦君貺乃起曰適來不知受却公拜今却當請納拜茂叔走避君貺此一事却過人謝用休問當受拜不當受拜曰分已定不受乃是（一本作風天小畜卦）

又曰田獵自謂今無此好周茂叔曰何言之易也但此
心潛隱未發一日萌動復如初矣後十二年因見果知
未也明道年十六七時好田獵既而自謂己無此好聞
周先生此語後十二年暮歸在田間見獵者不覺有喜
心
又曰周茂叔窻前草不除去問之云與自家意思一般
子厚觀驢鳴亦謂如此
又曰周茂叔謂荀子元不識誠伯淳曰既誠矣心焉用
養邪荀子不知誠
邵伯温作易學辨惑記康節先生事曰伊川同朱光庭
公掞訪先君先君留之飲酒因以論道伊川指面前食

阜曰此阜安在地上不知天地安在甚處先君爲極論天地萬物之理以及六合之外伊川歎曰平生惟見周茂叔論至此

呂本中作童蒙訓曰正獻公在侍從聞茂叔名力薦之自常調除轉運判官茂叔以啓謝正獻公云在薄宦有四方之遊於高賢無一日之雅營道何弃仲農父自作營道齋詩序曰營道縣出郭三十里而近有村落曰濂溪周氏家焉族衆而業儒至先生遠宦弛肩廬阜力不能返故居乃結屋臨流寓濂溪之名志鄉關在目中也蘇黃二公與之同時而所爲賦詩皆失本意文字傳誤吁可歎已濂溪之周至今蕃衍云

邢恕和叔叙述明道先生事云茂叔聞道甚早王荆公為江東提點刑獄時已號為通儒茂叔遇之與語連日夜荆公退而精思至忘寢食

伊洛淵源録卷第一

伊洛淵源錄卷第二

明道先生

行狀　　伊川先生

曾祖希振皇任尚書虞部員外郎妣高密縣君崔氏祖遹皇贈開府儀同三司吏部尚書妣孝感縣太君張氏長安縣太君張氏父珦見任太中大夫致仕母壽安縣君侯氏先生名顥字伯淳姓程氏其先曰喬伯為周大司馬封於程後遂以為氏先生五世而上居中山之博野高祖贈太子少師諱羽太宗朝以輔翊功顯賜第於京師居再世曾祖而下葬河南今為河南人先生生而神氣秀爽異於常兒未能言叔祖母任氏太君抱之行不

覺釵墜後數日方求之先生以手指示隨其所指而往果得釵人皆驚異數歲誦詩書強記過人十歲能爲詩賦十二三時羣居庠序中如老成人見者無不愛重故戶部侍郎彭公思永謝客至學舍一見異之許妻以女踰冠中進士第調京兆府鄠縣主簿令以其年少未知之民有借其兄宅以居者發地中藏錢兄之子訴曰父所藏也令曰此無證佐何以決之先生曰此易辨爾問兄之子曰爾父藏錢幾何時矣曰四十年矣彼借宅居幾何時矣曰二十年矣即遣吏取錢十千視之謂借宅者曰今官所鑄錢不五六年即遍天下此錢皆爾未藏前數十年所鑄何也其人遂服令大奇之南山僧舍有

石佛歲傳其首放光遠近男女聚觀晝夜雜處為政者畏其神莫敢禁止先生始至詰其僧曰吾聞石佛歲現光有諸曰然戒曰俟復現必先白吾職事不能往當取其首就觀之自是不復有光美府境水害倉卒興役諸邑率皆狼狽惟先生所部飲食茇舍無不安便時盛暑泄利大行死亡甚衆獨鄠人無死者所至治役人不勞而事集常謂人曰吾之董役乃治軍法也當路者欲薦之爭問所欲先生曰薦士當以才之所堪不當問所欲再春以避親罷再調江寧府上元縣主簿田稅不均比他邑尤甚蓋近府美田為貴家富室以厚價薄其稅而買之小民苟一時之利久則不勝其弊先生為令盡法民

不知擾而一邑大均其始富者不便多為浮論欲搖止其事既而無一人敢不服者後諸路行均稅法邑官不足蓋以它官經歲歷時文案山積而尚有訴不均者計其力比上元不啻千百矣會令羅去先生攝邑事上元劇邑訴訟日不下二百為政者疲於省覽奚暇及治道先生處之有方不閱月民訟遂簡江南稻田賴陂塘以溉歲夏塘堤大決計非千夫不可塞法當言之府府禀於漕司然後計功調役非月餘不能興作先生曰比如是苗槁久矣民將何食救民獲罪所不辭也遂發民塞之歲則大熟江寧當水運之衝舟卒病者則留之為營以處曰小營子歲不下數百人至者輒死先生察其由蓋既

留然後請於府給券乃得食比有司文具則困於飢已數日矣先生白漕司給米貯營中至者與之食自是生全者太半措置於纖微之間而人已受賜如此之比所至多矣先生常云一命之士苟存心於愛物於人必有所濟仁宗登遐遺制官吏成服三日而除三日之朝府尹率羣官將釋服先生進曰三日除服遺詔所令莫敢違也請盡今日若朝而除之所服止二日爾尹怒不從先生曰公自除之某非至夜不敢釋也一府相視無敢除者茅山有龍池其龍如蜴蜥而五色祥符中中使取二龍至中途中使奏一龍飛空而去自昔嚴奉以爲神物先生嘗捕而脯之使人不惑其始至邑見人持竿以

黏飛鳥取其竿折之教之使勿爲及罷官艤舟郊外有數人共語自主簿折黏竿鄉民子弟不敢畜禽鳥不嚴而令行大率如此再朞就移澤州晉城令澤人淳厚尤服先生教命民以事至邑者必告之以孝悌忠信入所以事父兄出所以事長上度鄉村遠近爲伍保使之力役相助患難相恤而姦僞無所容凡孤煢殘廢者責之親戚鄉黨使無失所行旅出於其途者疾病皆有所養諸鄉皆有校暇時親至召父老而與之語兒童所讀書親爲正句讀教者不善則爲易置俗始甚野不知爲學先生擇子弟之秀者聚而教之去邑纔十餘年而服儒服者蓋數百人鄉民爲社會爲立科條旌別善惡使有

勸有恥邑幾萬室三年之間無强盜及鬭死者秩滿代者且至吏夜叩門稱有殺人者先生曰吾邑安有此誠有之則某村某人也問之果然家人驚異問何以知之曰吾常疑此人惡少之弗帥者也河東財賦窘迫官所科買歲爲民患雖至賤之物至官取之則其價翔踴多者至數十倍先生常度所需使富家預儲定其價而出之富室不失倍息而鄉官所費比常歲十不過二三民稅常移近邊載往則道遠就糴則價高先生擇富民之可任者預使購粟邊郡所費太省民力用紓縣庫有雜納錢數百千常借以補助民力部使者至則告之曰此錢令自用而不敢私請一切不問使者屢更無不從者

先時民憚差役役及則互相糾訴鄉鄰遂為仇讎先生
盡知民產厚薄第其先後按籍而命之無有辭者河東
義勇農隙則教以武事然應文備數而已先生至晉城
之民遂為精兵晉俗尚焚屍雖孝子慈孫習以為安先
生教諭禁止民始信之而先生去後郡官有母死者憚
於遠致以投烈火愚俗視傚先生之教遂廢識者恨之
先生為令視民如子欲辨事者或不持牒徑至庭下陳
其所以先生從容告語諄諄不倦在邑三年百姓愛之
如父母去之日哭聲振野用薦者改著作佐郎尋以御
史中丞呂公公著薦授太子中允權監察御史裏行神
宗素知先生名召對之日從容咨訪比二三見遂期以

大用每將退必曰頻求對來欲常相見爾一日論議甚久日官報午正先生遽求退庭中中人相謂曰御史不知上未食邪前後進說甚多大要以正心窒欲求賢育材為先先生不飾辭辨獨以誠意感動人主神宗嘗使推擇人材先生所薦者數十人而以父表弟張載暨弟頤為首所上章疏子姪不得窺其藁嘗言人主當防未萌之欲神宗俯身拱手曰當為卿戒之及因論人才曰陛下柰何輕天下士神宗曰朕何敢如是言之至于再三時王荊公安石日益信用先生每進見必為神宗陳君道以至誠仁愛為本未嘗及功利神宗始疑其迂而禮貌不衰嘗極陳治道神宗曰此堯舜之事朕何敢當

先生愀然曰陛下此言非天下之福也荆公寖行其說先生意多不合事出必論列數月之間章數十上尤極論者輔臣不同心小臣與大計公論不行青苗取息賣祠部牒差提舉官多非其人及不經封駮京東轉運司剝民希寵不加黜責興利之臣日進尚德之風寖衰等十餘事荆公與先生雖道不同而嘗謂先生忠信先生每與論事心平氣和荆公多為之動而言路好直者必欲力攻取勝由是與言者爲敵矣先生言旣不行懇求外補神宗猶重其去上章及面請至十數不許遂闔門待罪神宗將黜諸言者命執政除先生監司差權發遣京西路提點刑獄復上章曰臣言是願行之如其妄言

當賜顯責請罪而獲遷刑賞混矣累請得罷既而神宗
手批暴白同列之罪獨於先生無責改差簽書鎮寧軍
節度判官事為守者嚴刻多忌通判而下莫敢與辯事
始意先生嘗任臺憲必不盡力職事而又慮其慢已既
而先生事之甚恭雖筦庫細務無不盡心事小未安必
與之辯遂無不從者相與甚歡屢平反重獄得不死者
前後蓋十數河清卒於法不他役時中人程昉為外都
水丞怙勢蔑視州郡欲盡取諸埽兵治二股河先生以法
拒之昉請於朝命以八百人與之天方大寒昉肆其虐
用衆逃而歸州官晨集城門吏報河清兵潰歸將入城
衆官相視畏昉欲弗納先生曰此逃死自歸弗納必為

亂昉有言某自當之即親往開門撫諭約歸休三日復
役衆懽呼而入具以事上聞得不復遣後昉奏事過州
見先生言甘而氣懾既而揚言於衆曰擅卒之潰乃程
中允誘之吾必訴於上同列以告先生笑曰彼方憚我
何能爾也果不敢言會曹村埽决時先生方救護小吳
相去百里州帥劉公渙以事急告先生一夜馳至帥俟
於河橋先生謂帥曰曹村决京城可虞臣子之分身可
塞亦爲之請盡以廂兵見付事或不集公當親率禁兵
以繼之帥義烈士遂以本鎮印授先生曰君自用之先
生得印不暇入城省親徑走决堤諭士卒曰朝廷養爾
輩正爲緩急爾爾知曹村决則注京城乎吾與爾曹以

身捍之衆皆感激自效論者皆以為勢不可塞徒勞人
爾先生命善汨者銜細繩以渡決口水方奔注達者百
一卒能引大索以濟衆兩岸並進晝夜不息數日而合
其將合也有大木自中流而下先生顧謂衆曰得彼巨
木橫流入口則吾事濟矣語纔已木遂橫衆以為至誠
所致其後曹村之下復決遂久不塞數路困擾大為朝
廷憂人以為使先生在職安有是也郊祀霈恩先生曰
吾罷滁矣可以去矣遂求監局以便親養得罷歸自是
醜正者競揚避新法之說歲餘得監西京洛河竹木務
薦者言其未嘗叙年勞丐遷秩特改太常丞神宗猶念
先生會修三經義嘗語執政曰程某可用執政不對又

嘗有登對者自洛至問曰程某在彼否連言佳士其後彗見翼軫間詔求直言先生應詔論朝政極切還朝執政屢進擬神宗皆不許既而手批與府界知縣差知扶溝縣事先生詣執政復求監當執政諭以上意不可改也數月右府同薦除判武學新進者言其新法之初首為異論罷復舊任先生為治專尚寬厚以教化為先雖若甚迂而民實風動扶溝素多盜雖樂歲强盜不減十餘發先生在官無强盜者幾二年廣濟蔡河出縣境瀕河不逞之民不復治生業專以脇取舟人物為事歲必焚舟十數以立威先生始至捕得一人使引其類得數十人不復根治舊惡分地而處之使以挽舟為業且察

爲惡者自是邑境無焚舟之患畿邑田稅重朝廷歲常
蠲除以爲惠澤然而良善之民憚督責而先輸逋負獲
除者皆頑民也先生爲約前科獲免者今必如期而足
於是惠澤始均司農建言天下輸役錢逹户四等而畿
内獨止第三請亦及第四先生力陳不可司農奏其議
謂必獲罪而神宗是之畿邑皆得免先生爲政常權穀
價不使至甚貴甚賤會大旱麥苗且枯先生教人掘井
以溉一井不過數工而所灌數畝闔境賴焉水災民飢
先生請發粟貸之鄰邑亦請司農怒遣使閲實使至鄰
邑而令遽自陳穀且登無貸可也使至謂先生盍亦自
陳先生不肯使者遂言不當貸先生力言民飢請貸不

已遂得穀六千石飢者用濟而司農益怒視貧籍戶同等而所貸不等檄縣杖主吏先生言濟飢當以口之衆寡不當以戶之高下且令實爲之非吏罪乃得已內侍都知王中正巡閱保甲權寵至盛所至凌慢縣官諸邑供帳競務華鮮以悅奉之主吏以請先生曰吾邑貧安能效他邑且取於民法所禁也令有故青帳可用之先生在邑歲餘中正往來境上卒不入鄰邑有寃訴府願得先生決之者前後五六有犯小盜者先生謂曰汝能改行吾薄汝罪盜叩首願自新後數月復穿窬捕吏及門盜告其妻曰我與太丞約不復爲盜今何面目見之耶遂自經官制改除奉議郎朝廷遣官括牧地民田當

没者千頃往往持累世契券以自明皆弗用諸邑已定
而扶溝民獨不服遂有朝旨改税作租不復加益及聽
賣易如私田民既倦於追呼又得不加賦乃皆服先生
以為不可括地官至謂先生曰民願服而君不許何也先生
曰民徒知今日不加賦而不知後日增租奪田則失業無
以生矣因為言仁厚之道其人感動謝曰寧受責不敢違
公遂去之他邑不踰月先生罷去其人復至謂攝令者曰
程奉議去矣爾復何恃而敢稽違朝旨督責甚急數日而
事集鄰邑民犯盜繫縣獄而逸既又遇赦先生坐是以特
旨罷邑人知先生且罷詣府及司農丐留者千數去之日
不使人知老稚數百追及境上攀挽號泣遣之不去以親

老求近鄉監局得監汝州酒稅今上嗣位覃恩改承議郎先生雖小官賢士大夫視其進退以卜興衰聖政方新賢德登進先生特為時望所屬召為宗正寺丞未行以疾終元豐八年六月十五也享年五十有四士大夫識與不識莫不哀傷為朝廷生民恨惜先生資禀既異而充養有道純粹如精金温潤如良玉寬而有制和而不流忠誠貫於金石孝悌通於神明視其色其接物也如春陽之温聽其言其入人也如時雨之潤胷懷洞然徹視無間測其蘊則浩乎若滄溟之無際極其德美言盖不足以形容先生行己内主於敬而行之以恕見善若出諸己不欲弗施於人居廣居而行大道言有物而動有

常先生爲學自十五六時聞汝南周茂叔論道遂厭科舉之業慨然有求道之志未知其要泛濫於諸家出入於老釋者幾十年返求諸六經而後得之明於庶物察於人倫知盡性至命必本於孝悌窮神知化由通於禮樂辨異端似是之非開百代未明之惑秦漢而下未有臻斯理也謂孟子沒而聖學不傳以興起斯文爲己任其言曰道之不明異端害之也昔之害近而易知今之害深而難辨昔之惑人也乘其迷暗今之入人也因其高明自謂之窮神知化而不足以開物成務言爲無不周遍實則外於倫理窮深極微而不可以入堯舜之道天下之學非淺陋固滯則必入於此自道之不明也邪

誕妖異之説競起塗生民之耳目溺天下於汙濁雖高才明智膠於見聞醉生夢死不自覺也是皆正路之蓁蕪聖門之蔽塞闢之而後可以入道先生進將覺斯人退將明之書不幸早世皆未及也其辨析精微稍見於世者學者之所傳爾先生之門學者多矣先生之言平易易知賢愚皆獲其益如羣飲於河各充其量先生教人自致知至於知止誠意至於平天下灑掃應對至於窮理盡性循循有序病世之學者捨近而趨遠處下而闚高所以輕自大而卒無得也先生接物辨而不間感而能通教人而人易從怒人而人不怨賢愚善惡咸得其心狡僞者獻其誠暴慢者致其恭聞風者誠服覿德者心

醉雖小人以趨嚮之異顧於利害時見排斥退而省其私未有不以先生爲君子也先生爲政治惡以寬處煩而裕當法令繁密之際未嘗從衆爲應文逃責之事人皆病於拘礙而先生處之綽然衆憂以爲甚難而先生爲之沛然雖當倉卒不能聲色方監司競爲嚴急之時其待先生率皆寬厚設施之際有所賴焉先生所爲綱條法度人可效而爲也至其道之而從動之而和不求物而物應未施信而民信則人不可及也彭夫人封仁和縣君嚴正有禮事舅以孝稱善睦其族先一年卒一本有五字子一一本有三早卒字曰端懿蔡州汝陽縣主簿曰端本治進士業一本有四字女一一本有三夭一字適

假承務郎朱純之卜以今年十月乙酉葬于伊川先塋謹書家世行業及歷官行事之大槩以求誌於作者

門人朋友叙述并序

先兄明道之葬頤狀其行以求誌銘且備異日史氏採録旣而門人朋友爲文以叙其事迹述其道學者甚衆其所以推尊稱美之意人各用其所知蓋不同也而以爲孟子而後傳聖人之道者一人而巳是則同文多不能盡取取其有補於行狀之不及者數篇附于行狀之後

河間劉立之曰先生幼有奇一作異質明慧驚人年數歲即有成人之度嘗賦酌貪泉詩曰中心如自固外物

豈能遷當世先達許其志操及長家貧自售不
俗從汝南周茂叔問學窮性命之理率性會道
德出處孔孟從容不勉踰冠應書京師聲望翕然老儒
宿學皆自以為不及莫不造門願交釋褐主永興軍鄠
縣簿永興帥府其出守皆禁密大臣待先生莫不盡禮
為令晉城其俗朴陋民不知學中間幾百年無登科者
先生擇其秀異為置學舍糧具聚而教之朝夕督厲誘
進學者風靡日盛熙寧元豐間應書者至數百登科者
十餘人先生為政條教精密而主之以誠心晉城之民
被服先生之化暴桀子弟至有恥不犯迨先生去三十年
間編戶數萬衆罪入極典者纔一人然鄉閭猶以不遵

教令為深恥熙寧七年立之得官晉城推先生去已十餘年見民有聚口衆而不析異者問其所以云守程公之化也其誠心感人如此薦為御史神宗召對問所以為御史對曰使臣拾遺補闕裨贊朝廷則可使臣掇拾臣下短長以沽直名則不能神宗歎賞以為得御史體神宗厲精求治王荆公執政議法改令言者攻之甚力至有發憤肆罵無所不至者先生獨以至誠開納君相疏入輒削藁不以示子姪常曰揚已矜衆吾所不為嘗被旨赴中堂議事荆公方怒言者厲色待之先生徐曰天下之事非一家私議願公平氣以聽荆公為之愧屈善談太中公得請領崇福先生求折資監當以便養歸

洛從容親庭日以讀書勸學為事先生經術通明義理精微樂告不倦士大夫從之講學者日夕盈門虛往實歸人得所欲先生在御史有南士遊執政門者方自南還未至而附會之說先布都下且其人素議廝闢先生奏言其行後先生被命判武學其人已位通顯懼先生復進乃抗章言先生新法之初首為異論先生笑曰是豈誣我邪復以便親乞汝州監局先生高才遠業淪歷卑冗人為先生歎息而先生處之恪勤靡懈曰設事安得不謹今皇帝即位以宗正丞召朝廷方且用之未赴闕得疾以終先生有天下重望士民以其出處卜時隆汙聞訃之日識與不識莫不隕涕自孟軻沒聖學失傳

學者穿鑿妄作不知入德先生傑然自立於千載之後芟闢榛穢開示本原聖人之庭户曉然可入學士大夫始知所向然高才世希能造其藩閾者蓋鮮況堂奥乎先生德性充完粹和之氣盎於面背樂易多恕終日怡悦立之從先生三十年未嘗見其一有有字忿厲之容接人温然無賢不肖皆使之款曲自盡聞人一善咨嗟獎勞惟恐其不篤人有不及開導誘掖惟恐其不至故雖桀傲不恭見先生莫不感悦而化服風格高邁不事標飾而自有畦畛望其容色聽其言教則放心邪氣不復萌于胸中太中公告老而歸家素清窶僦居洛城先生以禄養族大食衆菽粟僅足而老幼各盡其歡中外

幼孤窮無託者皆收養之撫育備俾期于成人嫁女娶
婦皆先孤遺而後及己子食無重肉衣無兼副女長過
時至無資以遣先生遂於從政以仁愛為本故所至民
戴之如父母立之嘗問先生以臨民曰使民各得輸其
情問御吏曰正己以格物雖愚不肖俾服先生之訓不
敢忘念先生抱經濟大器有關物成務之才雖不用于
時然至誠在天下惟恐一物不得其所見民疾苦如在
諸己聞朝廷興作小失則憂形於色嘗論所以致君堯
舜措俗成康之意其言感激動人千五百年一生斯人
時命不會如此美志不行利澤不施惜哉立之家與先
生有累世之舊先人高爽有奇操與先生好尤密先人

早世立之方數歲先生兄弟取以歸教養視子姪卒立其門户末世俗薄朋友道衰聞先生之風宜有愧恥立之從先生最久聞先生教最多得先生行事為最詳先生於繫官朔陲不得與於行服之列哭泣之哀承訃悲號摧裂肝膈先生大節高誼天下莫不聞至於委曲纖細一言一行足以垂法來世而人所不及知者大懼湮沒不傳以為門人羞輒書所知以備採擷沛國朱光庭

曰嗚呼道之不明不行也久矣自子思筆之於書其後孟軻倡之軻死而不得其傳退之之言信矣大抵先生之學以誠為本仰觀乎天清明穹窿日月之運行陰陽之變化所以然者誠而已俯察乎地廣博持載山川之融

結草木之蘩殖所以然者誠而已人居天地之中參合無間純亦不已者其在茲乎蓋誠者天德也聖人自誠而明其靜也淵停其動也神速天地之所以位萬物之所以育何莫由斯道也先生得聖人之誠者也自始學至於成德雖天資穎徹絕出等夷然卓然之見一主於誠故推而事親則誠孝事君則誠忠友于兄弟則綽綽有裕信於朋友則久要不忘脩身慎行則不愧於屋漏臨政愛民則如保乎赤子非得夫聖人之誠孰能與於斯才周萬物而不自以為高學際三才而不自以為足行貫神明而不自以為異識照古今而不自以為得至於六經之奧義百家之異說研窮搜決判然會中天下

之事雖萬變交於前而燭之不失毫釐權之不失輕重凡貧富貴賤死生皆不足以動其心真可謂大丈夫者非所得之深所養之厚能至於是歟嗚呼天之生斯人使之平治天下功德豈小補哉方當聖政日新賢君彙進殆將以斯道覺斯民而天奪之速可謂不幸之甚矣孔子曰朝聞道夕死可矣自孟軻以來千有餘歲先王大道得先生而後傳其補助天地之功可謂盛矣雖不得高位以澤天下然而以斯道倡之于人亦已較著其間見而知之尚能似之先生為不亡矣河間邢恕曰先生德性絕人外和內剛眉目清峻語聲鏗然恕早從先生之弟學初見先生於磁州其氣貌清明夷粹其接人

和以有容其趨義剛而不犯其思索妙造精義其言近而測之益遠恕益始恍然自失而知天下有成德君子所謂完人者若先生是已先生為澧州幕官歲餘罷歸恕後過澧州問村民莫不稱先生咨嗟嘆息蓋先生之從政其視民如子憂公如家其誠心感人雖為郡僚佐又止歲餘而去至使田父野人皆知其姓名又稱嘆其賢使先生為一郡又如何哉使先生行乎天下又如何哉既不用於朝廷而以奉親之故祿仕於莞庫以為養居洛幾十年玩心於道德性命之際有以自養其渾浩沖融而必合乎規矩準繩蓋真顏氏之流黃憲劉迅之徒不足道也洛實別都乃士人之區藪在仕者皆慕化

之從之質疑解惑閭里士大夫皆高仰之樂從之游學士皆宗師之講道勸義行李之往來過洛者苟知名有識必造其門虛而往實而歸莫不心醉斂衽而誠服於是先生身益退位益卑而名益高於天下今皇帝即位太皇太后同聽斷凡政事之利者存害者去復起司馬公君實以為門下侍郎用呂公晦叔為尚書左丞而先生亦以宗正丞召執政日須其來將大用之計至京師諸公人人嘆嗟為朝廷惜士大夫下至布衣諸生聞之莫不相弔以為搢人云亡也嗚呼惟先生以直道言事不合去國十有七年今太母制政下令不出房闥天下固已寧然方大講求政事之得失救偏矯枉資人材以成

治功之時如先生之材大小左右内外用之無不
其所知上極堯舜三代帝王之治其所以包涵博
遠纖悉上下與天地同流其化之如時雨者先生固已
默而識之至於興造禮樂制度文爲下至行師用兵戰
陣之法無所不講皆造其極外之夷狄情狀山川道路
之險易邊鄙防戍城寨斥堠控帶之要靡不究知其吏
事操決文法簿書又皆精密詳練若先生可謂通儒全
才矣而所有不試其萬一又不究於高年此有志之士
所以慟哭而流涕也
成都范祖禹曰先生爲人清明端潔内直外方其學本
於誠意正心以聖賢之道可以必至勇於力行不爲空

文其在朝廷與道行止主於忠信不崇虛名其爲政視民如子慘怛教愛出於至誠見利除害所欲必得故先生所至民賴之如父母去久而思之不忘先生嘗言縣之政可達於天下一邑者天下之式也先生以親老求爲閒官居洛陽殆十餘年與弟伊川先生講學于家化行鄉黨家貧蔬食或不繼而事親務養其志賙贍族人必盡其力士之從學者不絕於館有不遠千里而至者先生於經不務解析爲枝詞要其用在己而明於知天其教人曰非孔子之道不可學也蓋自孟子沒而中庸之學不傳後世之士不循其本而用心於末故不可與入堯舜之道先生以獨智自得去聖人千有餘歲發其

闢鍵直覩聖奧一天地之理盡事物之變故其皃肅而
氣和志定而言厲望之可畏即之可親叩之者無窮從
容以應之其出愈新眞學者之師也成就人才於時爲
多雖久去朝廷而人常以其出處爲時之通塞既除宗
正丞天下日望先生入朝以爲且大用及聞其亡上自
公卿下至閭巷士民莫不哀之曰時不幸也其命矣夫

伊洛淵源錄卷第二

伊洛淵源録卷第三

明道先生

書行狀後　游酢

先生道德之高致經綸之遠圖進退之大節伊川先生與門人高第既論其實矣酢復何言謹拾其遺逸當採録云先生生而有妙質聞道甚早年逾冠明誠夫子張子厚友而師之子厚少時自喜其才謂提騎卒數萬可横行匈奴視叛羌爲易與耳故從之游者多能道邊事既而得聞先生論議乃歸謝其徒盡棄其舊學以從事於道其視先生雖外兄弟之子而虚心求益之意懇懇如不及逮先生之官猶以書抵先生以定性未能不動

致問先生為破其疑使內外動靜道通為一讀其書可考而知也其後子厚學成德尊識者謂與孟子比然猶祕其學不多為人講之其意若曰雖復多聞不務畜德徒善口耳而已故不肯與之言先生謂之曰道之不明於天下久矣人善其所習自謂至足必欲如孔門不憤不啓不悱不發則師資勢隔而先王之道或幾乎熄矣趨今之時且當隨其資而誘之雖識有明暗志有淺深亦各有得焉而堯舜之道庶可馴致子厚用其言故關中學者躬行之多與洛人並推其所自先生發之也擢為御史膺眷甚渥亟承德音所獻納必據經術事常辨於早而戒於漸一日神宗縱言及於辟佞先生曰人主

之學惟當務爲急辭命非所先也神宗爲之動顏會同
天節宮嬪尊獻奇巧爲天子壽先生既言於朝又頗謂
執政或之執政曰宮嬪實爲非上意也庸何傷先生曰
作淫巧以蕩上心所傷多矣公之言非是執政辭遂屈
是時有同在臺列者志未必同然心慕其爲人嘗語人
曰他人之賢者猶可得而議也乃若伯淳則如美玉然
反覆視之表裏洞徹莫見瑕疵先生平生與人交無隱
情雖僮僕必託以忠信故人亦不忍欺之嘗自澶淵遣
奴持金詣京師貿用物計金之數可當二百千奴無父
母妻子同列聞之莫不駭且謂既而奴持物如期而歸
衆始歎服蓋誠心發於中暢於四肢見之者信慕事之

者華心大抵以此先生少長親閭視之如傷又氣象清越洒然如在塵外宜不能勞苦及遇事則每與賤者同起居飲食人不堪其苦而先生處之晏如也胥董役雖祁寒烈日不擁蓋衣不御蓋時所巡行衆莫測其至故人自致力常先期畢事異時夫伍中夜多譁一夫或怖萬夫競起蠭人乘虛為盜者不可勝數先生以師律處之遂訖去無譁者及役罷夫散部伍猶肅整如常初至郡有監酒稅者以賄播聞然怙力文身自號能殺人衆皆憚之雖監司州將未敢發先生至將與之同事其人心不自安輒為言曰外人謂某自盜官錢新至簿將發之其勢窮必殺人言未訖先生笑曰人之為言一至於此

足下食君之祿詐肯為盜萬一有之將赦死不暇安能殺人其人默不敢言後亦私償其所盜卒以善去州從事有既孤而遭祖母喪者身為嫡孫未果承重先生為推典法意告之甚悉其人從之至今遂為定令而天下搢紳始習為常蓋先生御小人使不麗於法助君子使必成其義又大抵類此先生雖不用而未嘗一日忘朝廷然久幽之操確乎如石胷中之氣沖如也所至士大夫多棄官從之學朝見而夕歸飲其和茹其實既久而不能去其徒有貧者以單衣御冬累年而志不變身不屈蓋先生之教要出於為己而忘之游其門者所學皆心到自得無求於外以故甚貧者忘飢寒已仕者忘爵

禄魯重者敏謹細者裕强者無拂理愿者有立志可以脩身可以齊家可以治國平天下非若世之士妄意空無追咏昔人之糟粕而身不與焉及措之事業則悵然無據而已也方朝廷圖任真儒以惠天下天下有識者謂先生行且大用矣不幸而先生卒嗚呼道之行與廢果非人力所能為也悲夫哭而為之賛曰

天地之心其太一之體歟天地之化其太和之運歟確然高明萬物覆焉隤然博厚萬物載焉非以其一歟陽自此舒陰自此凝消息滿虚莫見其形非以其和歟夫子之德其融心滌慮默契於此歟不然何穆穆不已渾渾無涯而能言之士莫足以領其美歟嗟乎孰謂此道

未施此民未覺而先覺者邈歟百世之下有想見夫子而不可得者亦能觀諸天地之際歟

哀詞　呂大臨

嗚呼去聖遠矣斯文喪矣先王之流風善政泯沒而不可見明師賢弟子之授之學斷絕而不得聞以章句訓詁為能窮遺經以儀章度數為能盡儒術使聖人之道玩於腐儒諷誦之餘隱於百姓日用之末反求諸己則罔然無得施之於天下則若不可行異端爭衡猶不與此先生負特立之才知大學之要博文強識躬行力究察倫明物極其所止渙然心釋洞見道體其造於約也雖事變之感不一知應以是心而不窮雖天下之理至

衆知反之吾身而自足其致於一也異端並立而不能移聖人復起而不與易其養之成也和氣充浹見於聲容然望之崇深不可慢也遇事優爲從容不迫然誠心懇惻弗之措也其自任之重也寧學聖人而未至不欲以一善成名寧以一物不被澤爲己病不欲以一時之利爲己功其自信之篤也吾志可行不苟潔其去就吾義所安雖小官有所不屑夫位天地育萬物者道也傳斯道者斯文也振已墜之文達未行之道者先生也使學不卒傳志不卒行至於此極者天也先生之德可形容者猶可道也其獨智自得合乎天契乎先聖者不可得而道也元豐八年六月明道先生卒門人學者皆以

所自得者名先生之德先生之德未易名也亦各伸其
志爾

墓表

大宋明道先生程君伯淳之墓
守太師致仕潞國公文彦博題

先生名顥字伯淳葬于伊川潞國太師題其墓曰明道
先生弟頤序其所以刻之石曰周公没聖人之道不行
孟軻死聖人之學不傳道不行百世無善治學不傳千
載無真儒無善治士猶得以明夫善治之道以淑諸人
以傳諸後無真儒天下貿貿焉莫知所之人欲肆而天
理滅矣先生生千四百年之後得不傳之學於遺經志

將以斯道覺斯民天不憖遺哲人早世鄉人士大夫相與議曰道之不明也久矣先生出倡聖學以示人辨異端闢邪說開歷古之沉迷聖人之道得先生而後明為功大矣於是帝師采衆議而為之稱以表其墓學者之於道知所向然後見斯人之為功知所至然後見斯名之稱情山可夷谷可堙明道之名亘萬古而長存勒石墓傍以詔後人

贊　陳恬

賢哉先生始於孝弟孝篤於親弟友其弟推以治人不為而化民靡有爭揖讓于野紛之事君讜言忠謨[illegible]邪之言感動欷歔舉以教人粹然至道天下英材躬服允

蹈本於正身惟德温温如冬之日如夏之雲終其默識洞暢今古鈎深窮微該世之務賢哉先生超然絶倫大用甚迩胡奪之年先生之道不在其弟方其初起天下咸喜今其西矣天下懷矣誰為有力進之君矣俾行其道覺斯民矣

遺事二十七條

明道先生曰吾學雖有所受天理二字卻是自家體貼出來見上蔡語錄

先生謂學者曰賢看顥如此顥煞用工夫

常見伯淳所在臨政便上下響應到了人衆後便成風成風則有所鼓動天地間只是一箇風以動之也已李

氏遺書伊川先生語

明道作縣常於坐右書視民如傷四字云顥每日常有愧於此觀其用心應是不到錯決撻了人見龜山語録

明道臨民刑未嘗不用亦嚴亦威然至誠感人而人化之見侯子雅言

明道主簿上元時謝師直為江東轉運判官師宰來省其兄嘗從明道假公僕掘桑白皮明道問之曰漕司役卒甚多何為不使曰本草說桑白皮出土見日者殺人以伯淳所使人不欺故假之爾師宰之相信如此見文集伊川記下同

謝師直尹洛時嘗談經與鄙意不合因曰伯淳亦然往

在上元景溫說春秋猶時見取至言易則皆曰非是順謂曰二君皆通易者也監司談經而主簿乃曰非是監司不怒主簿敢言非通易能如是乎

明道昔見上稱介甫之學對曰王安石之學不是上愕然問曰何對曰臣不敢遠引止以近事明之臣嘗讀詩言周公之德云公孫碩膚赤舄几几周公盛德形容如是之盛如王安石其身猶不能自治何足以及此見遺書又按龜山語錄載此語稱周公赤舄几几聖人蓋如此若安石剛褊自任恐聖人不然恐當以遺書為正

神宗問王安石之學如何明道對曰安石博學多聞則有之守約則未也見遺書下同

荆公嘗與明道論事不合因謂先生曰公之學如上壁言難行也明道曰參政之學如捉風後來逐不附己者而獨不然明道且曰此人雖未知道亦忠信人也新政之改亦是吾黨爭之有太過成就今日之事塗炭天下亦須兩分其罪可也當時天下岌岌乎殆哉介甫欲去數矣其時介甫直以數事上前卜去就若青苗之議不行則決其去伯淳於上前與孫莘老同得上意要了當此事大抵上意不欲抑介甫要得人擔當了而介甫之意亦尚無必伯淳嘗言管仲猶能言出令當如流水以順人心今參政須要做不順人心事何故介甫之意只恐始為人所沮其後行不得伯淳却道但做順人

心事人誰不願從也介甫道此感賢誠意却則為天祺其日於中書大悖緣是介甫大怒遂以死力爭於上前上為之一以聽用從此黨分矣華老受約束而不肯行遂坐貶而伯淳遂待罪既而除以京西提刑伯淳復求對遂見上上言有甚文字伯淳云今咫尺天顏尚不能少回天意文字更復何用欲去而上問者數四伯淳每以陛下不宜輕用兵為言朝廷羣臣無能任陛下事者以今日之患觀之猶是自家不善從容至如青苗且放過又且何妨伯淳當言職苦不曾使文字大綱只是於上前說了其他些小文字只是備禮而已大抵自仁祖朝優容諫臣當言職者必以詆訐而去為賢習以成風

惟恐人言不稱職以去為落便宜昨来諸君盖未免此苟如是為則是為已尚有私意在却不在朝廷不干事理

今日朝廷所以特惡忌伯淳者以其可理會事只是理會學這裏動則於他輩有所不便也故特惡之深以吾自處猶是自家當初學未至意未誠其德尚薄無以感動它天意此自思則如此然今日許大氣艷當時欲一二人動之誠如河濱之人捧土以塞孟津誠可笑也據當時事勢又至於今日豈不是命

程伯淳先生嘗曰熙寧初主介甫行新法並用君子小人君子正直不合介甫以為俗學不通世務斥去小人

苟容諂佞介甫以爲有才知變通用之君子如司馬君
實不拜同知樞密院以去范堯夫辭同脩起居注得罪
張天祺自監察御史面折介甫被謫介甫性狠愎衆人
皆以爲不可則執之愈堅君子既去所用皆小人爭爲
刻薄故害天下益深使衆君子未與之敵俟其勢久自
緩委曲平章尚有聽從之理則小人無隙以乘其爲害
不至如此之甚也見邵氏聞見録
聖人志在天下國家與常人志在功名全別孟子傳聖
人之道故曰予豈若是小丈夫然哉諫於其君而不受
則悻悻然見於其面去則窮日之力且看聖人氣象則
別明道先生却是如此元豐中有詔起呂申公司馬溫

公温公不起明道作詩送吕申公又詩寄温公二詩皆見文集其意直是眷眷在天下國家雖然如此於去就又却極分明不放過一步作臺官時言新法者皆得責明道獨除提刑辭不受改除簽判乃止見胡氏傳家録

元豐二年二月詔以程顥同判武學顧臨權開封府推官諫官李定以顥嘗為御史論新法與臨併言罷之吕申公上疏略曰顥立身行己素有本末講學議論久益疏通且其在言路日時有論列皆辭意忠厚不失臣子之體

扶溝地卑歲有水旱明道先生經畫溝洫之法以治之未及興工而先生去官先生曰以扶溝之地盡為溝洫

必數年乃成吾為經畫十里之地以開其端後之人知其利必有繼之者矣夫為令之職必使境內之民凶年饑歲免於死亡飽食逸居有禮義之訓然後為盡故吾於扶溝開設學校聚邑人子弟教之亦幾成而廢夫百里之施至狹也而道之興廢繫焉是數事皆未及成豈不有命與然知而不為而責命之興廢則非矣此吾所以不敢不盡心也見庭聞稾錄

明道終日坐如泥塑人然接人渾是一團和氣所謂望之儼然即之也溫見上蔡語錄

凡書必使言之無罪聞者知戒所以尚譎諫也如東坡詩只是譏誚朝廷殊無至誠惻怛愛君之意言之安得無

罪聞之豈足以戒爭伯淳先生詩云未須愁日暮天際是輕陰又云莫辭盞酒十分醉只恐風花一片飛何其温柔敦厚也聞之者亦且自然感動矣見龜山語錄

學者須是胷懷擺脫得開始得不見明道先生作鄠縣主簿時有詩云雲淡風輕近午天傍花隨柳過前川時人不識予心樂將謂偷閑學少年看他胷中直是好與曾點底事一般先生又有詩云閑來無事不從容睡覺東窻日已紅萬物靜觀皆自得四時佳興與人同道通天地有形外思入風雲變態中富貴不淫貧賤樂男兒到此是豪雄問周恭叔恁地放開如何謝曰他不是擺脫得開只爲立不住便放却忒早在裏明道門擺脫得開

為他所過者化問見箇甚道理便能所過者化謝曰呂晉伯下得一轉語好道所存者神便能所過者化所過者化便能所存者神横渠云性性為能存神物物為能過化甚親切見上蔡語録下同

明道先生善言詩他又不曾章解句釋但優游玩味吟哦上下便使人有得處又曰伯淳談詩並不下一字訓詁有時只轉一兩字點平聲掇地念過便教人省悟石曰古人所以貴親炙之也

伊川與君實語終日無一句相合明道與語直是道得下

明道先生與門人講論有不合者則曰更有商量伊川

則宜曰不然見外書

康節邵先生作四賢吟云彥國之言鋪陳晦叔之言簡當君實之言優游伯淳之言條暢四賢洛陽之望是以在人之上有宋熙寧之間大為一時之壯見擊壤集

元豐八年三月五日神宗升遐詔至洛故相韓康公為留守程宗丞伯淳為汝州酒官會以檄來舉哀於府既罷謂康公之子宗師兵部曰顥以言新法不便忤大臣同列皆謫官顥獨除監司顥不敢當辭之念先帝見知之恩終無以報已而泣兵部曰今日朝廷之事如何宗丞曰司馬君實呂晦叔作相矣兵部曰二公果作相當如何宗丞曰當與元豐大臣同若先分黨與他日可憂

兵部曰何憂宗丞曰元豐大臣皆嗜利者使自變其已甚害民之法則善矣不然衣冠之害未艾也君實忠直難與議晦叔解事恐力不足爾既而二公果並相召宗丞未行以疾卒宗丞為温公申公所重使不早死更相調護協濟於朝則元祐朋黨之論無自而起矣論此事時范醇夫朱公掞杜孝錫伯温同聞之今四十年而其言益驗故表而出之見邵氏聞見録

先生墓誌韓公持國撰孫公曼叔書見文集然誌文作不傳於世韓氏家集經亂而不存矣

或問明道於富韓公公曰伯淳無福天下人也無福見涪陵記善録

陳忠肅公嘗作責沈文送其姪孫淵幾叟云葉公沈諸梁問孔子於子路子路不對葉公當世賢者魯有仲尼而不知宜乎子路之不對也予元豐乙丑夏爲禮部貢院點檢官適與校書郎范公淳夫同舍公嘗論顔子之不遷不貳惟伯淳有之予問公曰伯淳誰也公默然久之曰不知有程伯淳邪予謝曰生長東南實未知也時予年二十九矣自是以來嘗以寡陋自媿見陳忠肅公集范公遺事云自是每得明道先生之文必冠帶而後讀之

伊洛淵源錄卷第三

伊洛淵源錄卷第四

伊川先生

年譜

先生名頤字正叔明道先生之弟也明道生於明道元年壬申伊川生於明道二年癸酉幼有高識非禮不動見語錄年十四五與明道同受學於春陵周茂叔先生見哲宗徽宗實錄皇祐二年年十八上書闕下勸仁宗以王道為心生靈為念黜世俗之論期非常之功且乞召對面陳所學不報間遊太學時海陵胡翼之先生方以教導嘗以顏子所好何學論試諸生得先生所試大驚即延見處以學職見文集呂希哲原明與先生鄰齋

日以師禮事焉既而四方之士從游者日益衆見呂氏
童蒙訓舉進士嘉祐四年廷試報罷遂不復試太中公
屢當得任子恩輒推與族人見涪陵記善錄治平熙寧
間近臣屢薦自以爲學不足不願仕也見文集又案呂
申公家傳云公判太學命衆博士即先生之居敦請爲
太學正先生固辭公即命駕過之又雜記治平三年九
月公知蔡州將行言曰伏見南省進士程頤年三十四
有特立之操出羣之姿嘉祐四年已與殿試自後絕意
進取往來太學諸生願得以爲師臣方領國子監親往
敦請卒不能屈臣嘗與之語洞明經術通古今治亂之
要實有經世濟物之才非同拘士曲儒徒有偏長使在

朝廷必爲國器伏望特以不次旌用明道行狀云神宗嘗使推擇人材先生所薦數十人以父表弟張載暨弟頤爲稱首元豐八年哲宗嗣位門下侍郎司馬公光尚書左丞呂公公著及西京留守韓公絳上其行義於朝見哲宗徽宗實録案溫公集與呂申公同薦劄子曰臣等竊見河南處士程頤力學好古安貧守節言必忠信動遵禮義年踰五十不求仕進真儒者之高蹈聖世之逸民伏望特加召命擢以不次足以矜式士類裨益風化又案胡文定公文集云是時諫官朱光庭又言頤道德純備學問淵博材資勁正有中立不倚之風識慮徹至知幾其神之妙言行相顧而無擇仁義在躬而不

矜若用斯人俾當勸講必能輔養聖德啓迪天聰一正
君心爲天下福又謂顥究先生之藴達當世之務乃天
民之先覺聖代之真儒俾之日侍經筵足以發揚聖訓
兼掌學校足以丕變斯文又論祖宗時起陳摶种放高
風素節聞於天下揆顥之賢德放未必能過之顥之道
則有摶放所不及知者觀其所學真得聖人之傳致思
力行非一日之積有經天緯地之才有制禮作樂之具
乞訪問其至言正論所以平治天下之道又謂顥以言
乎道則貫徹三才而無一毫之爲間以言乎德則并包
衆美而無一善之或遺以言乎學則博通古今而無一
物之不知以言乎才則開物成務而無一理之不總是

致聖人之道至此而傳況當天子進學之初若俾真儒得專經席豈不盛哉十一月丁巳授汝州團練推官西京國子監教授見實錄先生再辭尋召赴闕元祐元年三月至京師王巖叟奏云伏見程頤學極聖人之精微行全君子之純粹早與其兄顥俱以德名顯於時陛下復起頤而用之頤趣召以來待召闕下四方俊乂莫不翹首鄉風以觀朝廷所以待之者如何處之者當否而將議焉則陛下此舉繫天下之心臣願陛下加所以待之之禮擇所以處之之方而使高賢得為陛下盡其用則所得不獨頤一人而已四海潛光隱德之士皆將相招而為朝廷出矣除宣德郎秘書省校書郎先生辭曰

祖宗時布衣被召自有故事今臣未得入見亦敢祇命
三辭更奏云臣伏蒙聖恩特除程頤京官仍與校書郎
足以見陛下優禮高賢而使天下之人歸心於盛德也
然臣區區之誠尚有以為陛下言者願陛下一召見之
試以一言問為國之要陛下至明遂可自觀其人臣以
頤抱道養德之日久而潛神積慮之功深靜而閲天下
之義理者多必有嘉言以新聖聽此臣所以區區而進
言然非為頤也欲成陛下之美耳陛下一見而後命之
官則頤當之而無愧陛下與之而不悔授受之間兩
得之矣於是召對太皇太后面諭將以為崇政殿說書
先生辭不獲始受西監之命且上奏論經筵三事其一

以上富春秋輔養為急宜選賢德以備講官因使陪侍
宿直陳說道義所以涵養氣質薰陶德性其二請上左
右內侍宮人皆選老成厚重之人不使侈靡之物淺俗
之言接於耳目仍置經筵祗應內臣十人使伺上在宮
中動息以語講官其或小有違失得以隨事規諫其三
請令講官坐講以養人主尊儒重道之心寅畏祗懼之
德而曰若言可行敢不就職如不可用願聽其辭劄子
三道見文集又案劉忠肅公文集有章疏論先生辭卑
居尊未被命而先論事為非是蓋不知先生出處語默
之際其義固已精矣既而命下以通直郎充崇政殿說
書見實錄先生再辭而後受命四月例以暑熱罷講先

生奏言輔導少主不宜疎略如此乞令講官以六參日
上殿問起居因得從容納誨以輔上德見文集五月差
同孫覺顧臨及國子監長貳看詳國子監條制見實錄
先生所定大槩以為學校禮義相先之地而月使之爭
殊非教養之道請改試為課有所未至則學官召而教
之更不考定高下制尊賢堂以延天下道德之士鐫解
額以去利誘省繁文以專委任勵行檢以厚風教及置
待賓吏師齋立觀光法如是者亦數十條見文集舊實
錄云禮部尚書胡宗愈謂先帝聚士以學教人以經三
舍科條固已精密宜一切仍舊因是深詆先生謂不宜
使在朝廷六月上疏太皇太后言今日至大至急為宗

社生靈長久之計惟是輔養上德而輔養之道非徒涉
書史覽古今而已要使跬步不離正人乃可以涵養薰
陶成就聖德今間日一講鮮釋數行爲益既少又自四
月罷講直至中秋不接儒臣殆非古人旦夕承弼之意
請俟初秋即令講官輪日入侍陳說義理仍選臣僚家
十一二歲子弟三人侍上習業且以邇英迫隘暑熱恐
於上體非宜而講日宰臣史官皆入使上不得舒泰悅
懌請自今一月再講於崇政殿然後宰臣史官入侍餘
日講於延和殿則後殿垂簾而太皇太后時一臨之不
惟省察主上進業其於后德未必無補且使講官欲有
所言易以上達所繫尤大又講讀官例兼它職請亦罷

之使得積誠意以感上心皆不報八月差兼判登聞鼓院先生引前說且言入談道德出領詐訟非用人之體再辭不受見文集楊時曰事道與祿仕不同常夷甫以布衣入朝神宗欲優其祿令兼數局如鼓院之類夷甫一切受之及伊川先生為講官朝廷亦欲使兼它職則固辭蓋前日所以不仕者為道也則今日之仕須其官足以行道乃可受不然是苟祿也然後世道學不明君子辭受取舍人鮮知之故常公之受人不以為非而先生之辭人亦不以為是也二年又上疏論延和講讀垂簾事且乞時召講官至簾前問上進學次第又奏邇英暑熱乞就崇政延和殿或它寬涼處講讀給事中

悅以辭色又兼侍御史呂陶言明堂降赦臣僚稱賀訖而兩省官欲往奠司馬光是時程頤言曰子於是日哭則不歌豈可賀赦才了却往弔喪坐客有難之曰子於是日哭則不歌即不言歌則不哭今已賀赦了却往弔喪於禮無害蘇軾遂以鄙語戲程頤衆皆大笑結怨之端蓋自此始又語錄云國忌行香伊川令供素饌子瞻詰之曰正叔不好佛胡爲食素先生曰禮居喪不飲酒不食肉忌日喪之餘也子瞻令具肉食曰爲劉氏者左袒於是范淳夫輩食素秦黄輩食肉又鮮于綽傳信録云舊例行香齋筵兩制以上及臺諫官破蔬饌然以麤糲遂輪爲食會皆用肉食矣元祐初崇政殿說書程正

叔以食肉爲非是議爲素食衆多不從一日門人范淳
夫當排食遂具蔬饌內翰蘇子瞻因以鄙語戲正叔正
叔門人朱公掞輩御之遂立敵矣是後蘇饌亦不行又
語録云時呂申公爲相凡事有疑必質于伊川進退人
才二蘇疑伊川有力故極詆之又曰朝廷欲以游酢爲
其官蘇右丞沮止毁及伊川宰相蘇子容曰公未可如
此頗觀過其門者無不肅也又案劉諫議盡言集亦有
異論劉非蘇黨蓋不相知耳一日赴講會上瘡疹不坐
已累日先生退詣宰臣問上不御殿知否曰不知先生
曰二聖臨朝上不御殿太皇不當獨坐且人主有疾而
大臣不知可乎翌日宰臣以先生言奏請問疾由是大

臣亦多不悅而諫議大夫孔文仲因奏先生汙下憸巧
素無鄉行經筵陳說僭橫忘分遍謁貴臣歷造臺諫騰
口間亂以償恩讎致市井目為五鬼之魁請放還田里
以示典刑八月差管勾西京國子監見舊實錄又文仲
傳載呂申公之言曰文仲為蘇軾所誘脅論事皆用軾
意又呂申公家傳亦載其與呂大防劉摯王存同較文
仲所論朱光庭事語甚激切且云文仲本以伉直稱然
惷不曉事為浮薄輩所使以害善良晚乃自知為小人
所給噴鬱嘔血而死案舊錄固多妄然比類不為無據
新錄皆刪之失其實矣又范太史家傳云元祐九年奏
曰臣伏見元祐之初陛下召程頤對便殿自布衣除崇

政殿說書天下之士皆謂得人實爲希闊之美事而纔
及歲餘即以人言罷之頤之經術行誼天下共知司馬
光呂公著皆與頤相知二十餘年然後舉之此二人者
非爲欺罔以誤聖聰也頤在經筵切於皇帝陛下進學
故其講說語常繁多草茅之人一旦入朝與人相接不
爲關防未習朝廷事體而言者謂頤大佞大邪貪黷請
求奔走交結又謂頤欲以故舊傾大臣以意氣役臺諫
其言皆誣罔非實也蓋當時臺諫官王巖叟朱光庭賈
易皆素推伏頤之經行故不知者指以爲頤黨陛下慎
擇經筵之官如頤之賢乃足以輔導聖學至如臣輩叨
備講職實非敢望頤也臣久欲爲頤一言懷之累年猶

孫不果使頤受誣罔之謗於公正之朝臣每思之不無愧也今臣已乞去職若復召頤勸講必有補聖明臣雖終老在外無所憾矣先生既就職再上奏乞歸田里曰臣本布衣因說書得朝官今以罪罷則所授官不當得三年又請皆不報乃乞致仕至再又不報五年正月丁太中公憂去官七年服除除直秘閣判西京國子監王公繫年錄云元祐七年三月四日延和奏事三省進呈程頤服除欲與館職判檢院簾中以其不靖令只與西監遂除直秘閣判西京國子監初頤在經筵歸其門者甚盛而蘇軾在翰林亦多附之者遂有洛黨蜀黨之論二黨道不同互相非毀頤竟爲蜀黨所擠今又適軾弟

轍執政財進禀便云但恐不肯請簾中入其說故頤不復得召先生再辭極論儒者進退之道見文集而監察御史董敦逸奏以為有怨望輕躁語三月改授管勾崇福宮見舊錄未拜以疾尋醫元祐九年哲宗初親政申秘閣西監之命先生再辭不就見文集紹聖間以黨論放歸田里四年十一月送涪州編管見實錄門人謝良佐曰是行也良佐知之乃族子公孫與刑恕之為爾先生曰族子至愚不足責故人情厚不敢疑孟子既知天焉用尤臧氏見語錄元符二年正月易傳成而序之三年正月徽宗即位移峽州四月以赦復宣德郎任便居住制見曲阜集還洛記善錄云先生歸自涪州氣貌容

色髯髮皆勝平昔十月復通直郎權判西京國子監先生既受命即謁告欲還延為壽醫計既而供職門人尹焞深疑之先生曰上初即位首被大恩不如是則何以仰承德意然吾之不能仕蓋已決矣受一月之俸焉然後惟吾所欲爾見文集語錄又劉忠肅公家私記云此除乃李邦直范彝叟之意建中靖國二年五月追所復官依舊致仕前此未嘗致仕而云依舊致仕疑西監供職不久即嘗致仕也未詳崇寧二年四月言者論其本因姦黨論薦得官雖嘗明正罪罰而敘復過優已追所復官又云敘復過優亦未詳今復著書非毀朝政於是有旨追毀出身以來文字其所著書令監司覺察語錄云

范致虛言程某以邪說詖行惑亂衆聽而尹焞張繹為之羽翼事下河南府體究盡逐學徒復隷黨籍先生於是遷居龍門之南止四方學者曰尊所聞行所知可矣不必及吾門也見語錄五年復宣義郎致仕見實錄時易傳成書已久學者莫得傳授或以為請先生曰自量精力未衰尚覬有少進耳其後寢疾始以授尹焞張繹尹焞曰先生踐履盡易其作傳只是因而寫成熟讀玩味即可見矣又云先生平生用意惟在易傳求先生之學者觀此足矣語錄之類出於學者所記所見有淺深故所記有工拙蓋未能無失也見語錄大觀二年九月庚午卒于家年七十有五見實錄於疾革門人進曰先

上學日所學正今日要用先生刀疾微視曰道著用便不是其人奏出寢門而先生沒見語錄一作門人郭忠孝尹子云非也忠孝自黨事起不與先生往來及卒亦不致奠初明道先生嘗謂先生曰異日能使人尊嚴師道者吾弟也若接引後學隨人材而成就之則予不得讓焉見語錄侯仲良曰朱公掞見明道于汝州踰月而歸語人曰光庭在春風中坐了一月游定夫楊中立來見伊川一日先生坐而瞑目二子立侍不敢去久之先生乃顧曰二子猶在此乎日暮矣姑就舍二子者退則門外雪深尺餘矣其嚴厲如此晚年接學者乃更平易蓋其學已到至處但於聖人氣象差少從容爾明道則

已從容惜其早死不及用也使及用於元祐間則不至有今日事矣先生既沒昔之門人高弟多已先亡無有能形容其德美者然先生嘗謂張繹曰我昔狀明道先生之行我之道蓋與明道同異時欲知我者求之於此文可也見集序尹焞曰先生之學本於至誠其見於言動事為之間處中有常疏通簡易不為矯異不為狷介寬猛合宜莊重有體或說匍匐以吊喪誦孝經以追薦皆無此事衣雖紬素冠襟必整食雖簡儉蔬飯必潔太中年老左右致養無違以家事自任悉力營辦細事必親瞻給內外親族八十餘口又曰先生於書無所不讀於事無所不能謝良佐曰伊川才大以之處大事必不

不聲色指顧而集矣或曰人謂伊川守正則盡通變不足謝子之言若是何也謝子曰陝右錢以鐵舊矣有議更以銅者已而會所鑄子不踰母謂無利也遂止伊川聞之曰此乃國家之大利也利多費省私鑄者衆費多利少盜鑄者息民不敢盜鑄則權歸公上非國家之大計乎又有議增解鹽之直者伊川曰價平則鹽易潑人人得食無積而不售者歲入必倍矣增價則反是已而果然司馬公既相薦伊川而起之伊川曰將累人矣使韓富當國時吾猶可以有行也及溫公大變熙寧復祖宗之舊伊川曰役法當討論未可輕改也公不然之既而數年紛紛不能定由是觀之亦可以見其梗槩矣

祭文

嗚呼利害生於身禮義根於心伊此心喪于利害而禮義以為虛也故先生踽踽獨行斯世一作於世而衆乃以為迂也惟尚德者以為卓絶之行而忠信者以為孚也立義者以為不可犯而達權者以為不可拘也在吾先生曾何有意心與道合一作道會渾然無際無欲可以係羈兮自克者知其難也不立意以為言兮知言者識其要也德輶如毛毛猶有倫無聲無臭夫何可覩嗚呼先生之道不可得而名也一作某等不得而名也伊言者反以為病兮此心終不得而形也惟泰山惟一作維以為高兮日月以為明也春風以為和兮嚴霜以為

清也在昔諸儒各行其志或得於數或觀于禮學者趣之一作趨之世濟其美獨吾先生淡乎無味得味之真死其乃已自某之見一作某等受教七年于茲含孕化育以蕃以滋天地其容我兮父母其生之君親其臨我兮夫子其成之欲報之心何日忘之先生有言一本上有昔字見于文字者有七分之心繪于丹青者有七分之儀七分之儀固不可益七分之心猶或可推而今而後將築室于伊雒之濱望先生之墓以畢吾此生也一本無吾字嗚呼夫子沒而微言絕則固不可得而聞也一本上有某等字然天不言而四時行地不言而百物生惟與二三子一本無此五字有亦當字洗心去智格物

去意期默契斯道在先生為未亡也嗚呼二三子之志一作其等之志不待物而後見先生之行不待諫而後徵然而山頹梁壞何以寄情凄風一奠敬祖干庭百年之恨併此以傾

尹子曰先生之葬洛人畏入黨無敢送者故祭文惟張繹范域孟厚及焞四人乙夜有素衣白馬至者視之邵溥也乃附名焉蓋溥亦有所畏而薄暮出城是以後又案語錄云先生以易傳授門人曰只說得七分學者更須自體究故祭文有七分之語云

奏狀節畧　胡安國

見元祐之初宰臣司馬光呂公著秉政當國急於得人首薦河南處士程頤乞加召命擢以不次遂起韋布超居講筵自司勸講不為辯辭解釋文義所以積其誠意感通聖心者固不可得而聞也及當官而行舉動必由乎禮奉身而去進退必合乎義其修身行法規矩準繩獨出諸儒之表門人高第莫獲繼焉雖崇寧間曲加防禁學者向之私相傳習不可遏也其後頤之門人如楊時劉安節許景衡馬伸吳給等稍稍進用於是士大夫爭相淬礪而其間志於利祿者託其說以自售學者莫能別其真偽而河洛之學幾絕矣壬子年臣嘗至行闕有仲并者言伊川之學近日盛行臣語之曰伊川之

學不絕如綫可謂孤立而以為戚行何也豈以其說淵
門人人傳寫耳納口出而以為威乎自是服儒冠者以
伊川門人妄自標榜無以歷服士人之心故衆論洶洶
深加詆誚夫有為伊洛之學者皆欲屏絕其徒而乃上
及於伊川臣竊以為過矣夫聖人之道所以垂訓萬世
無非中庸非有甚高難行之說此誠不可易之至論也
然中庸之義不明久矣自頤兄弟始發明之然後其義
可思而得不然[redacted]或謂高明所以處己中庸所以接物
本末上下析為二途而其義愈不明矣士大夫之學宜
以孔孟為師庶幾言行相稱可濟時用此亦不可易之
至論也然孔孟之道不傳久矣自頤兄弟始發明之而

後其道可學而至也不然則或以六經語孟之書資口
耳取世資而干利祿愈不得其門而入矣今欲徒學者
蹈中庸師孔孟而禁使不得從頤之學是入室而不由
户也不亦誤乎夫頤之文於易則因理以明象而知體
用之一源於春秋則見諸行事而知聖人之大用於諸
經語孟則發其微旨而知求仁之方入德之序然則狂
言怪語淫說鄙論豈其文也哉頤之行其行己接物則
忠誠動於州里其事親從兄則孝悌顯于家庭其辭受
取舍非其道義則一介不以取與諸人雖祿之千鍾有
必不顧也其餘則亦與人同爾然則幅巾大袖高視闊
步豈其行也哉昔者伯夷柳下惠之賢微仲尼則西山

之鍼夫東國之黜臣爾本朝自嘉祐以來西部有邵雍程顥及弟頤關中有張載此四人者皆道學德行名於當世會王安石當路重以蔡京得政曲加排抑故有西山東國之阨眞道不行深可惜也今雍所著有皇極經世書載有正蒙書頤有易春秋傳顥雖未及著述而門弟子質疑請益答問之語存於世者甚多又有書疏銘詩並行於世而傳者多失其眞臣愚伏望陛下特降指揮下禮官討論故事以此四人加之封號載在祀典以見聖世雖當禁暴誅亂奉祠伐罪之時猶有崇儒重道尊德樂義之意仍詔館閣裒集四人之遺書委官校正取旨施行便於學者傳習羽翼六經以推尊仲尼孟子

之道廢邪說者不得乘間而作而天下之道術

小補之哉

遺事二十一條

王霖公澤言明道伊川隨侍太中知漢州宿一僧寺明道入門而右從者皆隨之伊川入門而左獨行至法堂上相會伊川自謂此是頤不及家兄處蓋明道和易人皆親近伊川嚴重人不敢近也尹焞云亦嘗聞先生言之見涪陵記善録

韓持國與二先生善韓在潁昌欲屈致之預戒諸子姪使治一室至於脩治窗戶皆使親爲之二先生至暇日與持國同遊西湖命諸子侍行次有言貌不莊敬者伊

川曰視厲聲叱之曰汝輩從長者行敢笑語如此韓氏孝謹之風衰矣持國遂皆逐去之闕之持國之子宗質彬叔云見祁寬錄尹和靖語

伊川先生居經筵建言今之經筵實古保傅之任欲使內臣十人供侍左右儻人君出一言舉一事食一果實必使經筵知之有剪桐之戲則隨事箴規違養生之方則應時諫止呂申公曰主少非可為之時也伊川曰正可為也責不在人主而人臣當任之耳見庭聞崇錄

程子在講筵執政有欲用之為諫官者子聞之以書謝曰公知射乎有人執弓於此發而多中人皆以為善射矣一日使羿立于其旁道之以彀率之法不從羿且怒

[illegible][illegible][illegible]從之則戾其故習而失多中之巧故不若處羿於無事之地則羿得盡其言而用捨羿不恤也頤才非羿也然聞羿之道矣慮其害公之多中也見遺書

文潞公尹洛先生時為判監一日府會先生往赴到客次見樂人來呈樂語曲詞先生訝之問故對曰昨日得太師鈞旨明日請程侍講詞曲並要嚴謹依禮法故先來呈富鄭公司馬溫公居鄉里尤所尊禮呂正獻公范忠宣公過洛必先來見呂榮公兄弟與先生書必濡筆端正衣冠然後寫其為當時禮敬如此見涪陵記善錄

伊川與韓持國善約候韓年八十一往見之是歲元日因子弟賀正乃曰頤今年有一債未還春中當暫往潁

昌見韓持國乃往造焉久留潁昌韓早晚伴食體貌加敬一日韓密謂其子彬叔曰先生遠來無以為意我有黃金藥楪一重三十兩似可為先生壽然未敢遽言之我當以他事使後侍食因從容道吾意彬叔侍食如所戒試啓之先生曰頤與乃翁道義交故不遠而來奚以此為詰朝遂歸持國為其子曰我不敢言正謂此耳再三謝遣而別見祁寬錄尹和靖語

呂汲公以百縑遺子子辭之時子族兄子公孫在旁謂子曰勿為已甚姑受之子曰公之所以遺頤者以頤貧也公位宰相能進天下之賢隨才而任之則天下受其賜也何獨頤急也天下貧者亦衆矣公帛固多恐公不

錄同也見遺書下同
殿帥苗履見先生於陵下時先生方辭修監之命履問曰朝廷處先生如何則可先生曰且如山陵事苟得專處雖永安尉可也

先生嘗說頤於易傳今却已自成書但逐旋脩改期以七十其書可出韓退之稱聰明不及於前時道德日負於初心信然頤於易傳後來所改無幾不知如何故且更期之以十年之功看如何春秋之書待劉絢文字到却用功亦不多也今人解詩全無意思此却待出些文字中庸書却已成今農夫祁寒暑雨深耕易耨播種五穀吾得而食之今百工技藝作為器用吾得而用之甲

胄之士被堅執鋭以守土守吾得而安之耶如此闗過了日月即是天地間一蠹也功澤又不及民别事又做不得惟有補緝聖人遺書庶幾有補耳陳長方見尹子於姑蘇問中庸解尹子云先生自以為不滿意焚之矣問先生曾定六禮今已成未曰舊日作此已及七分後來被召入朝既在朝廷則當行之朝廷不當為私書既而遭憂又疾病數年今始無事更一二年可成也曰聞有五經解已成否曰惟易須親撰諸經則關中諸公分去以顒說撰成之禮之名數陝西諸公删定已送與吕與叔與叔今死矣不知其書安在也然所定只禮之名數若禮之文亦非親作不可也

先生被謫時李邦直尹洛令都監來見伊川才出見之便請上轎先生欲畧見叔母亦不許莫知朝命云何是夜宿於都監廳明日差人管押成行至龍門邦直遣人贐金百星先生不受既歸門人問先生臨行時諸公贐行皆受邦直亦是親戚何爲不受先生曰與頤相知即可受渠是時已與頤不相知豈可受耶見涪陵記善錄

伊川先生言昔貶涪州渡漢江中流船幾覆舟中人皆號哭伊川獨正襟安坐如常已而及岸同舟有父老問曰當船危時君獨無怖色何也伊川曰心存誠敬爾父老曰心存誠敬固善然不若無心先生欲與之言父老徑去不顧見邵氏聞見錄下同

伊川先生元祐初司馬溫公薦侍講禁中時哲宗幼沖先生以師道自居後出判西京國子監兩加直秘閣皆辭之黨禍起責涪州先生註周易與門弟子講學不以爲憂赦得歸不以爲喜

先生自涪陵歸易傳已成未嘗示人門弟子請益有及易書者方命小奴取書篋以出身自發之以示門弟子非所請不敢多閱門弟子請問易傳事雖有一字之疑先生必再三喻之蓋其潛心甚久未嘗容易下一字呂堅中所錄尹和靖語

先生云吾四十以前讀誦五十以前研究其義六十以前反覆紬繹六十以後著書著書不得已見遺書下同

先生謂張繹曰吾受氣甚薄三十而浸盛四十五十而後完今生七十二年校其筋骨於盛年無損也繹因請曰先生豈以受氣之薄而厚爲保生邪先生默然曰吾以忘生狥欲爲深耻

焞年二十方登先生之門被教誘諄諄嘗得朱公掞所論雜說呈先生問此書可觀否先生留半月一日請曰前日所呈雜說如何先生曰頤在何必觀此若不得頤心只是記得他意焞自是不敢復讀見涪陵記善錄及尹公跋夏爰所藏語錄後

南方學者從伊川既久有歸者或問曰學者久從學于門誰是最有得者伊川曰豈敢便道有得處且只是指

貫他个岐徑令他尋將去不錯了已是武大驟若夫自得尤難其人謂之得者便是已有也見祁寬所記尹和靖語

胡文定公曰安國昔嘗見鄒志完論近世人物因問程明道如何志完曰此人得志使萬物各得其所又問伊川如何曰却不得此明道又問何以不得此曰為有不通處又問侍郎先生言伊川不通處必有言行可證願聞之志完色動徐曰有一二事恐門人或失其傳後來在長沙再論河南二先生學術志完却曰伊川見處極高因問何以言之曰昔鮮于侁曾問顏子在陋巷不改其樂不知所樂者何事伊川却問曰尋常道顏子所樂

者何佗曰不過是說顔子所樂者道伊川曰若說有可樂便不是顔子以此知伊川見處極高又曰浩昔在穎昌有趙均國者自洛中來浩問曾見先生有何語均國曰先生語學者曰除却神祠廟宇人始知爲善古人觀象作服便是爲善之具見胡文定公集

伊川常服繭袍高帽簷劣半寸一本云帽桶八寸簷半寸四直繫絛曰此野人之服也深衣紳帶青緣篆文非禮勿視非禮勿聽非禮勿言非禮勿動見外書

伊川常愛衣皂或博褐紬襖其袖如常人所戴紗巾背後望之如鍾形其製乃似今道士謂之仙桃巾者不知

今人謂之習伊川學者大衲方頂何謂見邪寃所錄尹
和靖語

伊洛淵源録卷第四

伊洛淵源錄卷第五

康節先生

墓誌銘

熙寧丁巳孟秋癸丑堯夫先生疾終于家洛之人吊者相屬於塗其尤親且舊者又聚謀其所以葬先生之子泣以告曰昔先人有言誌於墓者必以屬吾伯淳先生知我者以是命我我何可辭謹案邵氏姬姓系出召公故世為燕人先生父諱令進以軍職逮事藝祖始家衡漳祖諱德新父諱古皆隱德不仕母李氏其繼楊氏先生之幼從父徙共城晚遷河南葬其親於伊川遂為河南人先生生於祥符辛亥至是蓋六十七年矣雖

先生之名而忘矣其字也姓王氏伯温仲良其二子也先生之官初舉遺逸試將作監主簿後又以爲潁川團練推官辭疾不赴先生始學於百原堅苦刻厲冬不爐夏不扇夜不就席者數年衛人賢之先生歎曰昔之人尚友於古而吾未嘗及四方遂可已乎於是走吳適楚過齊魯客梁晋久之而歸曰道其在是矣蓋始有定居之意先生少時自雄其才慷慨有大志既學力慕高遠謂先王之事爲可必致及其學益老德益邵玩心高明觀天地之運化陰陽之消長以達乎萬物之變然後頹然其順浩然其歸在洛幾三十年始至蓬蓽環堵不芘風雨躬爨以養其父母居之裕如講學于家未嘗强以

語人而無問者曰無鄉里後之士遠近尊之士大夫之論者有不之公府而必之先生之廬先生德氣粹然望之可知其賢然不事表襮不設防畛正而不諒通而不汙清明坦夷洞徹中外接人無貴賤親疏之間燕居飲笑語終日不取甚異於人顧吾所樂如何耳畏寒暑常以春秋時行遊城中士大夫家聽其車音倒屣迎致雖兒童奴隸皆知歡喜尊奉其與人言必依於孝弟忠信樂道人之善而未嘗及其惡敬賢者稱其德不敢著服其化所以厚風俗成人材者先生之功多矣昔孔子子思子於仲尼其傳可見者惟曾子所以告子思而子思之所以授孟子者耳其餘門人各以其材之所宜為學

雖同尊聖人所因而入者門户則衆矣況後世千餘歲
師道不立學者莫知其從來獨先生之學爲有傳也先
生得之於李挺之挺之得之於穆伯長伯長蓋其源流遠有
端緒今穆李之言及其行事槩可見矣而先生之淳一不
雜汪洋浩大乃其所自得者多矣然而名其學者豈所
謂門户之衆各有所因而入者與語成德者昔難其居
若先生之道就所至而論之則可謂安且成矣先生有
書六十二卷命曰皇極經世古律詩二千篇題曰擊壤
集先生之葬祔于先塋實其終之年孟冬丁酉也銘曰
嗚呼先生志豪力雄闊步長趨凌高厲空探幽索隱曲
暢旁通在古或難先生從容有問有觀以飫以豐天不

悉遺哲人之函鳴皋在南伊流在東有寧一宮先生所終

行狀略 張崏

先生治易書詩春秋之學窮意言象數之蘊明皇帝王霸之道著書十餘萬言研精極思三十年觀天地之消長推日月之盈縮考陰陽之度數察剛柔之形體故經之以元紀之以會參之以運終之以世又斷自唐虞訖于五代本諸天道質以人事興廢治亂靡所不載其辭約其義廣其書著其旨隱嗚呼美矣至矣天下之能事畢矣先生少事北海李之才挺之挺之聞道於汶陽穆脩伯長伯長以上雖有其傳未之詳也先生既受其學

又遊河汾之曲以至淮海之濱涉於濟汶達於梁宋苟有達者必訪以道無常師焉遂退居共城廬於百原之上大覃思於易經夜不設寢日不再食三年而學以大成大名王豫天悅博達之士尤長於易聞先生之篤志愛而欲教之既與之語三日得所未聞始大驚服卒捨其學而學焉北面而尊師之衛人乃知先生之為有道也年三十餘來游于洛以為洛邑天下之中可以觀四方之士乃定居焉先生清而不激和而不流遇人無貴賤賢不肖一接以誠長者事之少者友之善者與之不善者矜之故洛人久而益尊信之四方之學者與士大夫之過洛者莫不慕其風而造其廬先生之教人必隨

其才分之高下不驟語而強益之或闕其言若不適於
意先生亦不屑也故來者多而從者少見之者衆而知
之者尚寡及接之久察其所處無不中於理叩其所有
愈久而愈新則皆心悅而誠服先生未嘗有求於人或
餽之以禮者亦不苟辭洛人爲買宅丞相富公爲買園
以居之仁宗嘉祐中詔舉遺逸留守王公拱辰以先生
應詔授將作監主簿今上熙寧之初復求逸士御史中
丞呂公誨龍圖閣直學士祖公無擇與今丞相吳公充
又以先生爲言補潁州團練推官皆三辭不獲而後從
命然卒辭疾不之官先生年六十始爲隱者之服曰病
且老矣不復能從事矣隆寒盛暑杜門不出曰非退者

之宜也其於書無所不讀諸子百家之學皆究其本原而釋老技術之說一無所惑其志曉尤喜為詩平易而造於理有擊壤集二十卷自為之序熙寧十年春得疾踰百日氣日耗而神益明矣七月癸丑啟手足於天津之南道德■之第初先生葬其父於伊闕神陰原今從其兆父以明經教授鄉里及先生之長退老於家先生雖貧養之終身致其樂弟睦事先生甚謹飲食起居必身臨之惟恐不得其意蓋如先生之事其父母也不幸早巳

遺事一十五條

顥接人多矣不雜者三人張子厚邵堯夫司馬君實程

氏遺書下同

堯夫放曠

堯夫猶空中樓閣

堯夫豪傑之士根本不帖帖地伯淳嘗戲以亂世之姦雄中道學之有所得者

堯夫詩云梧桐月向懷中照楊柳風來面上吹明道曰真風流人豪也堯夫有詩云頻頻到口微成醉拍拍滿懷都是春又曰梧桐月向懷中照楊柳風來面上吹不止風月言皆有理又曰卷舒萬古興亡手出入幾重雲水身若莊周大抵寓言要入它放蕩之場堯夫却皆有理萬事皆出於理自以爲皆有理故要得從心妄行總

不妨堯夫又得詩云聖人喫緊些兒事其言太急迫此道理平鋪地放著寛何必如此

堯夫之學先從理上推意言象數言天下之理須出於四者推到理處曰我得此大者則萬事由我無有不定然未必有術要之亦難以治天下國家其為人則直是無禮不恭惟是侮玩雖天理亦為之侮玩如無名君傳言問諸天地天地不對自貫云美九餘暇時往時來之類

堯夫詩雪月風花未品題他便把這些事便與堯舜三代一般此等語自孟子後無人曾敢如此道來直是無端又如言文字呈上堯夫皆不恭之甚須信畫前元有

易自從删後更無詩這个意思亢古未有人道來

行己須行誠盡處正叔謂意則善矣然言誠盡則誠之為道也難能盡也堯夫戲謂且就平側

邵堯夫謂程子曰子雖聰明然天下事亦衆矣子能盡知邪子曰天下之事頤所不知者固多然堯夫所謂不知者何事是時適雷起堯夫曰子知雷起處乎子曰頤知之堯夫不知也堯夫愕然曰何謂也子曰既知之安用數推之以其不知故待推而後知堯夫曰子以為起於何處子曰起於起處堯夫瞿然稱善

晁以道嘗以書問康節之數于伊川伊川答書云頤與堯夫同里巷居三十年餘世間事無所不問惟未嘗一

字及數
伯淳言邵堯夫疾革且言試與觀化一遭子厚言觀化
他人便觀得自家自家又如何觀得化嘗觀堯夫詩意
纔做得識道理却於儒術未見所得
邵堯夫臨終時只是諧謔須臾而去以近人觀之則亦
未是蓋猶有意也比之常人甚懸絶矣他疾甚革頤往
視之因警之曰堯夫平生所學今日無事否他氣微不
能答次日見之却有聲如絲髮來大答云你道生薑樹
上生我亦只得依你說是時諸公都在廳上議後事它
在房間便聞得諸公恐喧他盡出外說話它皆聞得一
人云有新報云云堯夫問有甚事曰有某事堯夫曰我

特謂收卻幽州也以他人觀之便以爲怪此只是心虛
而明故聽得也問堯夫未病時不如此何也曰此只是
病後氣將絕心無念慮不昏便如此又問釋氏亦先知
死何也曰只是一个不動心釋氏平生只學這个事將
這个做一件大事學者不必學他但燭理明自能之只
如邵堯夫事它自如此亦豈嘗學也
邵堯夫先生居洛四十年安貧樂道自云未嘗皺眉所
居寢息處爲安樂窩自號安樂先生又爲甕牖讀書燕
居其下旦則焚香獨坐晡時飲酒三四甌微醺便止不
使至醉也中間州府以吏法不餉餽寓賓乃爲薄禱以
代之好事者或載酒以適其志嘗有詩云斟有淺深存

燮理歟無多少繫經綸又曰莫道小翁拙於用也能康濟自家身喜吟詩作大字書然遇興則為之不牽強也大寒暑則不出每出乘小車用一人挽之為詩以自詠曰花似錦時高閣望草如茵處小車行司馬公贈以詩曰林間高閣望已久花外小車猶未來隨意所之遇主人喜客則留三五宿又之一家亦如之或經月忘返雖性高潔而接人無賢不肖貴賤皆懽然如親嘗自言若至大病自不能支其遇小疾得有客對話不自覺疾之去體也學者來從之問經義精深浩博應對不窮思致幽遠妙極道數間與相知之深者開口論天下事雖久存心世務者不能及也見呂氏家塾記

堯夫直是豪才在風塵時節便是偏霸手段如富彥國
身都將相嚴重有威人不敢仰視他將做小兒樣看或
問堯夫所學如何謝子曰他只見得天理進退萬物消
長之理便敢做大於聖人門下學上達事更不施工所
以差卻堯夫精易之數事物之成敗終始人之禍福修
短算得來無毫髮差錯如指此屋便知起於何時至某
年月日而壞無不如其言然二程不貴其術明道云堯
夫數欲傳與某兄弟某兄弟那得工夫要學須是二十
年工夫堯夫初學於李挺之師禮甚嚴雖在一野店飯
必襴坐必拜欲學堯夫亦必如此伯淳聞說甚熟一日
因監試無事以其說推算之皆合出謂堯夫曰堯夫之

數只是加一倍法以此知太玄都不濟事堯夫驚撫其背曰大哥你怎恁地聰明他日伊川問伯淳加倍之數曰都忘之矣因歎其心無偏繫如此見上蔡語錄

伊洛淵源錄卷第五

伊洛淵源録卷第六

横渠先生

行狀

呂大臨

先生諱載字子厚世大梁人曾祖某生唐末歷五代不仕以子貴贈禮部侍郎祖復仕真宗朝為給事中集賢院學士贈司空父迪仕仁宗朝終于殿中丞知涪州事贈尚書都官郎中涪州卒于西官諸孤皆幼不克歸僑寓於鳳翔郿縣横渠鎮之南大振谷口因徙而家焉先生嘉祐二年登進士第始仕祁州司法參軍遷丹州雲巖縣令又遷著作佐郎簽書渭州軍事判官公事熙寧二年冬冬被召入對除崇文院校書明年移疾十年春復

召還館同知太常禮院是年冬謁告西歸十有二月乙亥行次臨潼卒于館舍享年五十有八是月以其喪歸殯于家卜以元豐元年八月癸酉葬于涪州墓南之兆先生娶南陽郭氏有子曰因尚幼先生始就外傅志氣不羣知虛奉父命守不可奪涪州器之少孤自立無所不學與邠人焦寅游寅喜談兵先生說其言當康定用兵時年十八慨然以功名自許上書謁范文正公公一見知其遠器欲成就之乃責之曰儒者自有名教何事於兵因勸讀中庸先生讀其書雖愛之猶未以為是也於是又訪諸釋老之書累年盡究其說知無所得反而求之六經嘉祐初見洛陽程伯淳正叔昆弟于京師共

語道學之要先生渙然自信曰吾道自足何事旁求乃盡棄異學淳如也間起從仕日益久學益明方未第時文潞公以故相判長安聞先生名行之美聘以束帛延之學宮異其禮際士子矜式焉其在雲巖政事大抵以敦本善俗為先每以月吉具酒食召鄉人高年會于縣庭親為勸酬使人知養老事長之義因問民疾苦及告所以訓戒子弟之意有所教告常患文檄之出不能盡達于民每召鄉長于廷諄諄口諭使往告其里閭間有民因事至庭或行遇于道必問某時命某告某事聞否聞即已否則罪其受命者故一言之出雖愚夫孺子無不預聞知京兆王公樂道嘗延致郡學先生多歎人以

德從容語學者曰孰能少置意科舉相從于堯舜之域否學者聞法語亦多有從之者在渭渭帥蔡公子正特所尊禮軍府之政小大咨之先生夙夜從事所以贊助之力為多並塞之民常苦乏食而貸于官帑不能足又屬霜旱先生力言于府取軍儲數十萬以救之又言戍兵徒往來不可為用不若損數以募土人為便上嗣位之二年登用大臣思有變更御史中丞呂晦叔薦先生于朝曰張載學有本原西方之學者皆宗之可以召對訪問上即命召既入見上問治道皆以漸復三代為對上說之曰卿宜日見二府議事朕且將大用卿先生謝曰臣自外官赴召未測朝廷新政所安願徐觀旬月繼

無法難欲言治皆苟而已世之病難行者未始不以亟奪富人之田爲辭然兹法之行悦之者衆苟處之有術期以數年不刑一人而可復所病者特上未之行爾乃言曰縱不能行之天下猶可驗之一鄉方與學者議古之法共買田一方畫爲數井上不失公家之賦役退以其私正經界分宅里立斂法廣儲蓄興學校成禮俗救菑恤患敦本抑末足以推先王之遺法明當今之可行此皆有志未就會秦鳳帥吕公薦之曰張載之學善發聖人之遺意其術畧可措之以復古乞召還舊職訪以治體詔從之先生曰吾是行也不敢以疾辭庶幾有遇焉及至都公卿聞風慕之然未有深知先生者以所欲

言嘗試於人多未之信會有言者欲講行冠昏喪祭之禮詔下禮官禮官安習故常以古今異俗為説先生獨以為可行且謂稱不可非儒生博士所宜衆莫能奪然議卒不决郊廟之禮禮官預焉先生見禮不致嚴亟欲正之而衆莫之助先生益不悦會有疾謁告以歸知道之難行欲與門人成其初志不幸告終不卒其願没之日惟一甥在側囊中索然明日門人之在長安者繼來奔哭致賻襚始克斂遂奉柩歸殯以葬又卜以三月而葬其治喪禮一用古以終先生之志某惟先生之學之至備存于書畧述于謚議矣然欲求文以表其墓必得行事之迹敢次以書

哭子厚先生詩　明道先生

歎息斯文約共脩如何夫子便長休東山無復蒼生望西土誰供後學求千古聲名聯棣萼二年零落去山丘寢門慟哭知何恨豈獨交親念舊遊

論謚書　司馬温公

横渠之沒門人欲謚為明誠中子質於明道先生先生疑之訪于温公以為不可此帖不見於文集今藏龜山楊公家

光啓昨日承問張子厚謚倉猝奉對以漢魏以來此例甚多無不可者退而思之有所未盡竊惟子厚平生用心欲率今世之人復三代之禮者也漢魏以下蓋不之

法郊特牲曰古者生無爵死無謚爵謂大夫以上也檀弓記禮所由失以為士之有誄自縣賁父始子厚官比諸侯之大夫則已貴宜有謚矣然曾子問曰賤不誄貴幼不誄長禮也惟天子稱天以誄之諸侯相誄非禮也諸侯相誄猶為非禮況弟子而誄其師乎孔子之沒哀公誄之不聞弟子復為之謚也子路欲使門人為臣孔子以為欺天門人厚葬顏淵孔子歎不得視猶子也君子愛人以禮今關中諸君欲謚子厚而不合於古禮非子厚之志與其以陳文範陶靖節王文中孟貞曜為比其尊之也曷若以孔子為比乎承關中諸君决疑於伯淳而伯淳謙遜博謀及於淺陋不敢不盡所聞而獻之

以備萬一惟伯淳裁擇而折衷之光再拜

遺事一十九條

伯淳昔與子厚在興國寺講論終日而曰不知舊日曾有甚人於此處講此事以下並見程氏遺書

子厚則高才其學更先從雜博中過來

子厚以禮教學者最善使學者先有所據守

子厚聞皇子生甚喜見餓莩者食便不美

橫渠言氣自是橫渠作用立標以明道

訂頑之言極純無雜秦漢以來學者所未到

西銘顥得此意只是須得他子厚有如此筆力他人無緣做得孟子以後未有人及此得此文字省多少言語

語類人讀書要之仁孝之理備于此須臾而不於此則便不仁不孝也孟子之後只有原道一篇其間言語固多病然大要儘近理若西銘則是原道之宗祖也

問西銘何如伊川先生曰此橫渠文之粹者也曰充得盡時如何曰聖人也橫渠能充盡否曰言有多端有有德之言有造道之言有德之言說自己事如聖人言聖人事也造道之言則智足以知此如賢人說聖人事也橫渠道儘高言儘醇自孟子後儒者都無他見識

楊時致書伊川先生曰西銘言體而不及用恐其流遂至於兼愛先生答之曰橫渠立言誠有過者乃在正蒙西銘之爲書推理以存義擴前聖所未發與孟子性善

養氣之論同功豈墨氏之比哉西銘明理一而分殊墨氏則二本而無分子比而同之過矣且謂言體而不及用彼欲使人推而行之本為用也反謂不及不亦異乎見程氏文集下同

伊川先生答先生書曰觀吾叔之見志正而謹嚴如虛無即氣則無無之語深探遠賾豈後世學者所嘗慮及也然此語未能無過餘所論以大槩氣象言之則有苦心極力之象而無寬裕溫厚一作和之氣非明睿所照而考索至此故意屢偏而言多窒小出入時有之明所照者如目所覩纖微盡識之矣考索至者如揣料於物約見髣髴耳能無差乎更望完養思慮涵泳義理他日

當自條暢

問横渠言由明以至誠由誠以至明如何伊川先生曰由明至誠此句却是由誠至明則不然誠則明也孟子曰我知言我善養吾浩然之氣只我知言一句已盡横渠之言不能無失類若此若西銘一篇誰說得到此今以管窺天固見北斗別處雖不見北斗不可謂不是也見程氏遺書下同

問横渠之書有迫切處否伊川先生曰子厚謹嚴纔謹嚴便有迫切氣象無寬舒之氣

横渠嘗言吾十五年學个恭而安不成明道曰可知是學不成有多少病在見上蔡語録下同

横渠著正蒙時處處置筆硯得意即書明道云子厚却如此不熟

横渠教人以禮為先大要欲得正容謹節其意謂世人汗漫無守便當以禮為地教他就上面做工夫然其門人下梢頭溺於刑名度數之間行得來困無所見處如喫木札相似更没滋味遂生厭倦故其學無傳之者明道先生則不然先使學者有知識窮得物理却從敬上涵養出來自然是別

横渠再移疾西歸過洛見二程先生曰載病不起尚可及長安也行至臨潼沐浴更衣而寢及旦視之亡矣門生衰絰挽車以葬見邵氏聞見録

呂與叔作横渠行狀有見二程盡棄其學之語尹子言之先生曰表叔平生議論謂頤兄弟有同處則可若謂學於頤兄弟則無是事頃年屬與叔删去不謂尚存斯言幾於無忌憚矣　見程氏遺書

案行狀今有兩本一云盡棄其學而學焉一云於是盡棄異學淳如也其它不同處亦多要皆後本為勝疑與叔後嘗删改如此今特据以為定然龜山集中有跋横渠與伊川簡云横渠之學其源出於程氏而關中諸生尊其書欲自為一家故予録此簡以示學者使知横渠雖細務必資於二程則其他固可知已案横渠有一簡

與伊川問其叔父葬事未有提耳懇激之言疑
龜山所跋即此簡也然與伊川此言蓋退讓不
居之意而橫渠之學實亦自成一家但其源則
自二先生發之耳

張御史

行狀

君諱戩字天祺少而莊重有老成之氣不與群童子狎
戲長而好學不喜為雕蟲之辭以從科舉父兄敦迫喻
以為貧乃强起就鄉貢既冠登進士第調陝州閿縣主
簿移鳳翔普潤縣令改祕書省著作佐郎知陝州靈寶
渠州流江懷安軍金堂縣事轉太常博士熙寧二年詔

為監察御史裏行明年以言事出知江陵府公安縣改陝州夏縣轉運使舉監鳳翔府司竹監秩滿以熙寧九年三月朔旦感疾卒享年四十有七君歷治六七邑誠心愛人而有術以濟之力行不怠所至皆有顯效視民之不得其所若已致之極其智力必濟而後已靈寶采稍歲用民力久為困擾至則訪其利害纖悉得之乃計一夫之役采稍若干以計其直請命民納市于有司而罷其役止就河壖為場立價募民采伐以給用言于郡守監司皆不之聽後以御史言於朝廷行之竹監歲發旁縣夫伐竹一月罷君謂無名以使民乃籍隸監園夫以日月課伐以足歲計其為邑養老恤窮皆有常察惡

□者皆有籍鈎考會計密察不苟府吏束手聽命舉莫小敢嘗攝令華州蒲城蒲城劇邑民悍使氣不畏法令闘訟冠盜倍蓰它邑異時令長以峻法治之姦愈不勝君悉寬條禁有訟至庭必以理敦喻使無犯法間召父老使之教篤子弟服學省過作記善簿民有小善悉以籍之月吉以俸錢為酒食召邑之高年聚於縣廨以勞之使其子孫侍因勸以孝弟之道不數月邑人化之獄訟為衰熙寧初上初即位登用大臣將大有為以御史召君喜以為千載之遇間見進對未嘗不以堯舜三代之事進于上前惻怛之愛無所還避其大要啓君心進有德謂反經正本當自朝廷始不先諸此而治其末末

見其可也事有不關興衰者人雖以為可言皆闊略不辨既見而新政所更寖興初議左右邇臣不以德進君爭之不可乃告諸執政執政笑而不荅君曰戳之狂易宜其為君所笑然天下之士笑公為不少矣章十數上卒不納乃歎曰茲未可已乎遂謝病不朝居家待罪卒罷言職既去位未嘗以諫草示人不說人以無罪天下士大夫聞其風者始則聳然畏之終乃服其厚自公安攺知夏縣縣素號多訟君待以至誠反復教喻不逆不億不行小惠訟者往往扣頭自引不五六月刑省而訟衰未幾[illegible][illegible]之民遮使者車請曰令夏令張君乃吾昔日之賢令也願[illegible]君哀吾民乞張君還蒞舊治使者欣然

聽其辭而言于朝去之日遮道送不得行父老曰昔者
人以吾邑之人無良喜訟自公來民訟幾希是惟公知
吾邑民之不喜訟也言已皆泣下君篤實寬裕儼然正
色雖喜慍不見於容然與人居溫厚之意久而益親終
日言未嘗不及於義接人無貴賤疏戚未嘗失色於一
人樂道人之善而不及其惡樂進己之德而不事無益
之言其清不以能病人其和不以物奪志常雞鳴而起
勉勉孳孳任道力行每若不及德大容物沛若有餘常
自省小有過差必語人曰我知之矣公等察之後此不
復為矣重然諾一言之欺以為己病少孤不得事親而
奉其兄以弟就養無方極其恭愛推而及諸族姻故舊

罔不周恤有妹寡居子不克家君力爲經其家事别内外之限制財用之節男就傅女有歸誠意懇切不弛其勞人以爲難而自處裕如也有一二故人死不克葬十餘年君惻然不安帥其知識合力聚財乃克襄事其兄載重於世常語人曰吾弟德性之美吾有所不如其不自假而勇於不屈在孔門之列宜與子夏後先晚而講學而達又曰吾弟全器也然語道而合乃自今始有弟如此道其無憂乎既暴病卒載哭失聲如不欲生將葬手疏哀辭納諸壙曰哀哀吾弟而今而後戰兢免夫是月還葬以從先大夫之兆將求有道者以銘其墓大歸惟君之善有不勝書要其大者蓋其力之厚任天下之

呂侍講

家傳略

公諱希哲字原明正獻公之長子也以恩補官元祐中爲講官遷諫官不拜紹聖初出知太平州坐黨議居和州徽宗召爲光祿少卿出守奉祠而卒

正獻公居家簡重寡默不以事物經心而申國夫人性嚴有法度雖甚愛公然教公事事循蹈規矩甫十歲祁寒暑雨侍立終日不命之坐不敢坐也日必冠帶以見長者平居雖天甚熱在父母長者之側不得去巾襪縛袴衣服惟謹行步出入無得入茶肆酒肆市井里巷之

語鄭衛之音未嘗一經於耳不正之書非禮之色未嘗一接於目正獻公通判潁州歐陽文忠公適知州事焦先生千之伯強客文忠公所嚴毅方正正獻公招延之使教諸子諸生少有過差先生端坐召與相對終日竟夕不與之語諸生恐懼畏服先生方略降辭色時公方十餘歲內則正獻公與申國夫人教訓如此之嚴外則焦先生化導如此之篤故公德器成就大異衆人公嘗言人生內無賢父兄外無嚴師友而能有成者少矣

公始從安定胡先生瑗於太學後遍從孫先生復石先生介李先生覯王公安石學安石以爲凡士未官而事科舉者爲貧也有官矣而復事科舉是僥倖富貴利達

學者不由公聞遽棄科舉一意古學始與程先生頤俱事胡先生居並舍公少程先生一二歲察其學問淵源非他人比首以師禮事之而明道程先生顥及橫渠張先生載兄弟孫公覺李公常皆與公遊由是知見日益廣大然公亦未嘗專主一說不私一門務略去枝葉一意涵養直截徑捷以造聖人

嘗言往與二程諸公遊一日會相國寺論事詳盡伯淳忽歎曰不知此地自古至今更曾有人來此地說此話邪蓋此處氣象自有合得如此人說此等話道理也然公取人先論知見次乃考其所為嘗言正叔先生自小說話過人嘗笑人專取有行不論知見者又說世人喜

說其人只是說得正叔言只說得好話亦大難好話亦豈易說也公以為二程遠過衆人者學皆類此

王公安石與正獻公既相推重而公又從之學自嘉祐間内外事多不甚治王公與當世諸賢務欲變更略放前代別立法度登進善人脩建學校其所施設者公皆預聞之矣然自秉政施設次第往往與舊說不合又愎諫自信動失衆心寖與公父子不同後欲用其子雱侍講殿中乃欲先引公公固辭乃止

公為說書凡二年日夕勸導人主以脩身為本脩身以正心誠意為主心正意誠天下自化不假他術身不能脩雖左右之人且不能喻況天下乎

公雅性至樂易然未嘗假人辭色悅人以私在邢州日
劉公安世適守潞州邢潞鄰州也公之子疑問嘗勸公
與劉公善通勤懇公曰吾素與劉往還不熟今豈可先
意相結私相附託邪卒不與書
公晚居宿州真陽間十餘年衣食不給有至絕糧數日
者公處之晏然靜坐一室家事一切不問不以豪髮事
託州縣其在和州嘗作詩云除却借書沽酒外更無一
事擾公私閑居日讀易一爻遍考古今諸儒之說默坐
沉思隨事解釋夜則與子孫評論古今商榷得失久之
方罷
公之行己務自省察校量以自進益晚年嘗言十餘年

前在楚州橋壞墮水中時覺心動數年前大病已稍勝
前今次疾病全不動矣其自力如此
元祐初程先生議請封建欲自封孔子後始公曰方今
母后臨朝衆議不一扶傷敗如是是矣此豈大有爲時
邪程先生默然而去案程氏文集修立孔氏條制但云
添賜田并舊賜爲五百頃設襲封爲奉聖郷世襲奉聖
公爵以奉祭祀未嘗遂請便行封建也
公自少年既從諸老先生學當世善士悉友之矣晚更
從高僧圓照師宗本證悟師修顒游盡究其道別白是
非斟酌深淺而融通之然後知佛之道與吾聖人合本
中嘗問公二程先生所見如此高遠何以却佛學公曰

只爲見禮太近

遺事

滎陽公在淮陽時吉一莢公爲曹官所居廨舍無几案以竹縛架上置書冊盂一皿之屬悉不能具處之甚安其簡儉如此見呂氏雜志下同

滎陽公晚年習靜雖驚恐顛沛未嘗少動自歷陽赴覔守過山陽渡橋橋壞轎人俱墜浮於水而滎陽公安坐轎上神色不動從者有溺水者時徐仲車先生年幾七十矣作我敬詩贈公曰我敬呂公以其德齒敬之愛之何時已已美哉呂公文在其中見乎外者古人之風惟賢有德神相其祉何以祝公多樂有喜

仙源嘗言與侍講爲夫婦相處六十年未嘗一日有面赤自少至老雖衽席之上未嘗戲笑滎陽公處身如此而每歎范内翰以爲不可及

滎陽公與諸人云自少官守處未嘗干人舉薦以爲後生之戒仲父舜從守官會稽人或譏其不求知者仲父對詞甚好云勤於職事其他不敢不慎乃所以求知也

見童蒙訓

滎陽公嘗言世人喜言無好人三字者可謂自賊者也

包孝肅尹京時民有自言有以白金百兩寄我者死矣予其子其子不肯受願召其子予之尹召其子辭曰亡父未嘗以白金委人也兩人相讓久之公言觀此事而

言無好人者亦可以少愧矣人皆可以為堯舜者蓋觀於己而知之

公嘗言孝子事親須事事躬親不可委之使令也嘗觀穀梁言天子親耕以供粢盛王后親蠶以供祭服國非無良農工女也以為人之所盡事其祖禰不若以己所自親者也此說最盡事親之道又說為人子者視於無形聽於無聲未嘗頃刻離親也事親如天頃刻離親則有時而違天天不可得而違也 見呂氏雜志

滎陽公嘗言後生初學且須理會氣象氣象好時百事是當氣象者辭令容止輕重疾徐足以見之矣不惟君子小人於此焉分亦貴賤壽夭之所由定也

又嘗說攻其惡無攻人之惡蓋自攻其惡日夜且自點檢絲毫不盡即不慊於心矣豈有工夫點檢他人邪

元祐間伊川先生既歸洛寄范公醇夫書云丞相久留左右所助一意正道者實在原明子

崇寧元年叔父舜從至洛中請見先生先生召食坐間問事業衆先生一一酬答臨行又請教語甚詳既而微笑曰知只被公家學佛 舜從即侍講之子也

范內翰名祖禹字淳夫蜀人元祐中為給諫講讀官入翰林為學士後坐黨論貶死家傳遺事載其言行之懿甚詳然不云其嘗受學於二先生之門也獨鮮于綽傳信錄記伊川事而以門人稱

之又其所著論語說唐監議論亦多資於程子
故歟特著先生稱道之語以見梗槩他不得而
書也

遺事五條

范淳夫嘗與伊川論唐事及爲唐監盡用先生之論先生謂門人曰淳夫乃能相信如此見程氏外書

元祐中客有見伊川先生者几案無他書惟印行唐監一部先生謂客曰近方見此書自三代以後無此議論見范公遺事

伊川先生曰昨在講筵曾說與温公云更得范淳夫在筵中尤好温公彼時一言亦失却道他見脩史自有門

路頤應之曰不問有無門路但筵中須得他溫公問何故頤曰自度少溫潤之氣淳夫色溫而氣和尤可以開陳是非導人主之意後來遂除侍講見程氏遺書

尹彥明問范淳夫之為人先生曰其人如玉見外書

楊學士名國寶字應之無他敘述獨伊川有祭文而呂氏諸書記其言行之一二然詳祭文亦先交游耳非門人之列也呂氏言其元豐中已老則年輩與先生亦相若云

祭文

嗚呼昔予與君邂逅相遇於大江之南言契氣合遂從予遊歲時三紀情猶骨肉忽聞來訃何痛如之嗚呼應之

[illegible]君而止於此乎焉才偉度絕出羣類善志奇
天[illegible]施天胡為厚其禀而嗇其年人誰不死君之死尤
可恨也奚必交舊之情悲哀而已管城之原歸祔先兆
屬予衰年憚於長道不能臨穴一慟以伸予情姑致菲
薄之奠寬予其來歆此誠意

遺事 六條

國寶應之余從姑之子也少強學力行元豐中會子
余見其貧而不屈老而益壯以詩贈之曰獨抱遺
處士姜強人意漢將軍 見呂氏家塾記

勁挺不屈自為布衣以至官於朝未嘗有求於
嘗假人以言色也篤信好學至死不變 見童蒙訓下同

問用范丞相堯夫薦館職不就試授成都轉
偶官與之辨論應之嘉其才即薦之朝自成
郎有遠房舅在蜀中官滿貧不能歸應之
付數百千遺之其自立如此
之力行苦節學問贍博而弘致遠識持
壁云有竹百竿有香一爐有書千卷
矣伊川先生常以為交遊中惟楊應
雜志下同
在交遊中英氣偉度過絕於人未
道者應之樂善尚德而議論不苟
猶不免有心如孫威敏操行不端

以二人附己乃薦威敏可代己守[illegible]原父文學絕人而以其喜訕謔當[illegible]未免有心况常人乎雖然毫髮之之弊有不可勝言者豈不要賢師友[illegible]應之之論也

安貧樂道未嘗少屈於人元豐間親養[illegible]予家榆林舊第日以麤糲飯置一盆又以兄弟分食之皆如飴蜜不求於人卒能有

陡字公揆河南偃師人父景光祿卿贈太尉母[illegible]國太夫人李氏會昌縣太君嘉祐二年登進士第年主簿數假邑事邑人謂之明鏡時程伯淳主鄠縣張山甫主武功簿與公皆以才名稱關中號爲三傑潞公舉應制科會仁宗登遐罷試丁內外艱服除爲脩武令邑有牧地民久侵冒轉易皆爲稅籍朝廷遣使按畝加租總四萬餘石公爭之得減萬餘石改垣曲令宅邑斂青苗錢類以嚴取辦公不答一人而輸以時足以樞臣薦得召對神宗問所治何經公對以少從孫復授春秋又問中外有所聞乎公對曰陛下即位以來更張法度臣下行之或非聖意故有使有不便試能去之

不便則天下均被福矣呂丞相大防守長安辟僉書判官朝廷伐西夏五路出師雍爲都會事多倚公以辦調發有非朝廷意而急於期會者公執白不從部使者怒宣言將加以乏軍興罪公請替治嶽祠以避之神宗山陵韓獻肅公尹洛奏公勾當山陵事事以時集洛人不知有大役司馬文正公薦召爲左正言首以辨大臣忠邪爲言又請天子燕閒與儒臣講習罷提舉常平官不斂青苗錢廣儲蓄備水旱太學置明師以養人才論奏無虛日多所薦達人無知者太皇太后嘉公正直諭以朝政闕失當安心言之勿畏避公自以遇二聖之知夙夜竭力知無不言時進退大臣損益政事公密勿啓沃

多見施行遷左司諫請罷遣使高麗褒崇先聖增錫土田別異世襲論急務十事一議官制二罷保甲三糾合宗室四省浮費五罷京師倉法六汰冗官七議河患八慎數易吏九懲獄官慘酷十禁淫祠河北饑遣公賑濟大發倉廩所全活甚衆拜右諫議大夫請名講官便殿訪以治道是歲旱論救災十事遷給事中有詔幸後苑賞花釣魚燕羣臣會春寒公請罷燕以祇天戒其夏日食上疏論脩德應變乞戒諸州讞獄毋得為疑似之言以論事求外補除集賢殿脩撰知亳州數月復召為給事中劉丞相摯罷政守鄆州公封還麻制坐落職復知亳州歲餘知潞州還集賢院學士紹聖元年三月以本官知瀛

以疾卒官年五十八天性純孝居太尉喪廬墓側三年
事叔父盡其道教諸弟以友愛上下惇睦靡有間言為
人端厚方重望之可畏即之謙恭虛己常若不足脩身
治家居官立朝與朋友交一以至誠再守亳亳人懷其
德為之立祠亳大饑公開倉賑濟量口賦粟五月而止
民無菜色在潞以隣境荒歉流民至者盈路公勞來安定
日為食而食之一日食饑者至暮不暇食遂感疾猶強
視事未終前二日禱雨拜不能興憂民之心瞑而後已
初受學於安定先生告以為學之本主於忠信公終身
力行之後又從程伯淳正叔二先生於洛陽其所聞以
格物致知為進道之門正心誠意為入德之方公服行

之造次不忘見善勇如賁育惟恐不及見不善如避水火常謂百世以俟聖人而不惑者惟孔孟爲然故力排異端以扶聖道家資素厚所取甚薄仕至朝列猶糲食不足後歷清顯其自奉如故時娶王氏封仁壽縣君子純之假承務郎其年五月葬公偃師先塋之次來請銘銘

曰

嗚呼公挺誠明篤實行直而方居則慎獨靡有作輟道學之強正色于朝見義能勇志氣之剛我思古人庶見來者今也則亡其名在人其事在史愈久而光祈村之原前洛後邙永固其藏

祭文

[illegible][illegible]道既不明世罕信者不信則不求不求則何得斯道之所以久不明也自予兄弟倡學之初衆方驚異君時甚少獨信不疑非夫豪傑特立之士能如是乎篤學力行至於沒齒志不渝如金石行可質於神明在家在邦臨民臨事造次動靜一由至誠上論古人豈易其比蹇蹇正臣之節凜凜循吏之風著見事爲皆可紀述謂當大施於時必得其壽夭胡難忱遽止於此嗚呼哀哉不幸七八年之間同志共學之人相繼而逝劉質夫李端伯呂與叔范巽之楊應之相繼而逝也今君復往使予踽踽於世憂道學之寡助則予之哭君豈特交朋之情而已邵山之陽歸祔先宅思平生之深契痛音容之

永陽陳薄奠以將誠庶英靈兮來格

遺事四條

公掞昨在洛有書室兩旁各一牖牖各三十六隔一書天道之要一書仁義之道中以一榜書毋不敬思無邪中處之此意亦將見程氏遺書

朱公掞上殿神宗欲再舉安南之師公以對願陛下禽獸畜之見龜山語錄

十一月三日朱給事封還劉丞相麻制以摯有功大臣不當無名而去言者若指臣爲朋黨願被斥而不辭六日中丞鄭雍攻朱乞正黨與之罪八日公掞以本官再知亳州呂相以其召而不至又不悅其封還麻制故但

以本官出黨中殊不怨也見王彦霖繫年録

自熙寧元祐靖國間事變屢更當其時固有名蓋天下致位廟堂得行所學者然夷考其事猶有憾焉如張天祺朱公掞等可謂奮不顧身盡忠許國而議論亦多過矣乃知理未易窮義未易精言未易知心未易盡聖賢事業未易到也見胡文定公集

劉博士

墓誌銘　李籲

元祐元年閏二月詔侍從諫官御史各舉經明充內外學官者資政殿大學士兼侍講韓公維以開封府陳留縣尉劉絢名聞以授京兆府府學教授侍御史王巖叟今正言朱光庭又比日言近春秋學廢已久絢少通春秋宜為博士詔復以君為太學博士及就試不幸有疾猶勉力學校論議不倦學者多親之病甚請外未報以二年六月十二日卒于官自公卿大夫師友學士莫不傷之噫其傷也豈私乎哉蓋以純學懿行君子為難

得也君字賓夫先世常山人曾祖諱懷賓贈光祿少卿
祖諱舜卿尚書虞部郎中致仕贈金紫光祿大夫以仕
宦始家河南其後因葬焉父旦今爲朝散大夫致仕
妣燕仁壽二縣君余仲姑也君生質明粹長而溫恭自髫齓
時已有老成器結髮即事明道先生程氏兄弟受學焉
君所授有本末所知造淵微知所止矣孜孜焉不知其
他也天性孝弟樂善而不爲異端所惑故其所得之安而
日加重而無交戰之病故其行也一衆外雖溫[illegible][illegible]
事剛毅自立其質之美學之力也如此明道[illegible][illegible][illegible]人之[illegible]
他人之學敏則有矣未易保也斯人之志[illegible]無[illegible]焉[illegible]
初以祖蔭得官少嘗應進士舉再至禮部後不復爲也

初仕河南府壽安主簿尹召府中且四十勾稽公廚寬
之費凡尹之子弟預者皆計而償之尹始不悅卒以山
善公臨事不苟率類此元豐中移潞之長子令邑俗淳
古而公又識愛公家負逋不施箠扑以期而集有一夫
貧甚自言未有以償公惻然爲寬其期鄉人遂以代輸
終莫去遂不督一人歲旱田稅于當蠲七八府遣官覆
視所蠲才二三君力爭不能得乃八封還其牓請改之不
聽民詣闕訴詔遣通判躬案卒得如君言府由是憾君
乃以公事置公罪丁安仁縣君憂父老數千百人送至
鄰境君重謝遣皆涕泣而還富文忠語人曰劉絢古縣
令也舉予之所見者一二縣可見矣惜乎朝廷方知而

用之年纔四十三而沒平生蘊積見于時及于物者固
未博是可傷也已沒時家無一千錢諸公士友相與賻之
始克歸葬河南府偃師縣石南鄉土中村北邙原先塋
之次其年十月十九日也君之為人氣和而體莊持論
不苟合跬步不忘學既病與予言曰每晉閱時正坐端
意氣即下平居持養氣一忽乎同舍呂與叔過問疾君
曰死生常理無足言者物念累吾親耳君自幼治春秋
其學祖于程氏專以孔孟之言斷經意臨將沒之時尚以
例類質于大夫君平時有遺書未就將終啓手足自盥
讀誦道詩書語安然而逝可謂力學者也君與人俱學
有所知惟恐不與人共也余晚始聞善賴君以告語者

多矣今予之悲豈特親識之情乎予知娶田氏屯田貞烈
繹之女子男一人伯順銘曰
嗚呼質夫不可得而見也學以致道蓋如予者鮮也養
之溫溫溥乎善也發之鏗鏗堅不變也嗟世習非滔滔
衰遜不有豪傑孰逃而歸尚豈君子安而蹈之進以知
止乎以不欺其出無藏歸生焉疑措身之長日益莫知
哉其所遭乃審乃持力久內明見於馳怡德未大施君
亡是悲彼而不知我何說為人有知之起以此詩

祭文

嗚呼聖學不傳久矣吾生百世之後志將明斯道興斯
學于於既絕力小任重而不懼其難者蓋亦有冀矣以謂

苟能使知之者廣則用力者衆何難之不易也游吾門者衆矣而信之篤得之多行之果守之固若子者幾希方賴子致力以相輔而不幸遽亡使吾悲傳學之難則所以惜子者豈止游從之情哉茲焉歸葬不克臨穴姑因薄奠以叙其哀

遺事五條

劉質夫久於其事自小來便在此見程氏遺書下同

質夫沛然

劉質夫作春秋傳未成每有人問伊川必對曰已令劉絢作自不須[illegible]費工夫也劉傳既成門人請觀伊川曰却[illegible][illegible]伊說作竟不以示人伊川沒後人方見之又[illegible]

蜀人謝湜解春秋來呈伊川伊川曰更二十年後方可
作見祁寬所記尹和靜語下同今人多說曾見伊川又
一他自某人處傳得伊川學焞昔見李端伯作劉質夫
誌有記伊川語曰斯人之志吾無疑矣然質夫春秋
成伊川却親作何邪如孔子謂賜可以言詩惟復三
百篇皆與孔子見同惟復指當時上事今不可便謂子
貢盡得孔子言詩之道今要箇劉質夫豈可復得嗟乎
晚我得伊川學哀哉
明道平和簡易惟劉絢庶幾似之見侯子雅言
李校書名籲字端伯緱氏人元祐中爲秘書省校書
郎嘗記二先生語一編號師說伊川稱之而祭

文亦有傳學之語蓋自劉博士外它人無此言

也

祭文　伊川先生

嗚呼自予兄弟倡明道學世方驚疑能使學者視傚而信從予與鐳質夫爲有力焉質夫於予爲外兄弟同邑而居同門而學才器相類志尚如一予謂二子可以大受期之遠到而半年之閒相繼以亡使予憂事道者鮮悲傳學之難嗚呼天於斯文何其艱哉官制有拘不克臨穴寄文爲奠以叙其哀

又　呂正字

嗚呼識子于南山渭水之曲知子於滎陽夫子之門風

亦自羈於流俗問學不異於淵源子之胷中閎肆開豁
求之孔門如賜也達子與人交洞瞭其情和而不流時
雖有爭予之於事如控六轡逐曲舞交盈折如意予求
友於四方顧所得之幾希意或同而才之不足才或高
而志與之違子敏且強予必子契謂其有年以立斯世
嗟如之何皇天降灾夫予中道使不得盡其才質矣之
賢予聞有素音予見之傾蓋如故遂得與子情親義篤
定交莫逆不啻弟昆天不憖遺[illegible]矣且兄同其弟傷者
予與子子疾繼作予為汝憂予雖親愛既歸莫留別未
踰月子訃亦至驚疑恍惚若有所失不意二子之賢而
一朝至此道之難行我今知之人之云亡孰知我悲子

之往矣天不相矣恍矣惘矣于奚望矣哀哉

李端伯相聚雖不久未見他操履然才識頴悟自是不能已也見程氏遺書下同

遺事二條

楊遵道問因見李籲録明道語云大則無所在剛則不屈以直道順理而養之却與先生說别如何伊川云先兄無此言舊嘗令學者不要如此編録才聽得轉動便别舊見只有李籲本無錯他人多只依說時不敢改動或脫忘一兩字便大别李籲却得其意不拘言語往往録得都是不知尚有此語

藍田吕氏兄弟

賓文名大忠字進伯丞相汲公之兄元符末以寶文
閣直學士卒實錄有傳不載其學問源流今不
復著但遺書中見其從學之實

宣義

行狀略

君諱大鈞字和叔姓吕氏其先汲郡人自祖而下葬藍田故令為京兆人嘉祐二年以進士中乙科授秦州司理監延州折博務改光禄寺丞知耀州三原縣事以諫議授果州乞代親入蜀移知綿州巴西縣事未赴旋以諫議致仕移疾不行丞相韓公絳宣撫陝西河東路辟君掌書寫機宜文字府罷除福州候官縣故相宣靖曾

公出鎮京兆薦君知涇陽縣皆不赴久之丁諫議憂服除復閒居數年自以道未明學未優曰吾斯之未能信於是不復有禄仕意講道勸義以教育人材變化風俗推其在已者以驗諸人將自期德成而致用也居無何士大夫皆惜其賢而不用以為不仕無義由是多彊君起不得已造朝大臣薦以為宮邸教授非其志也會仲兄龍圖閣直學士大防知永興陳乞監鳳翔府造船務新官改宣義郎朝廷問罪西鄙鄜延路轉運司特請君行師出塞露君臨事竭力不弛歷勞人勸君以他辭免而君義不辭難也以元豐五年夏六月癸酉感疾卒年五十有二君為人質厚剛正以聖門事業為己任所知

信而力可及則身遂行之不復疑畏故識者方之季路而君之所趨蓋亦未見其止也蓋大學之廢絕久矣自扶風張先生倡之而後進救於俗尚其才後者急於進取昏塞者難於領解由是寂寥無有和者君於先生為同年友及聞先生學於是心悅誠服實實然執弟子禮和請無倦久而益親自是學者靡然知所向矣先生之學大抵以誠明為本以禮樂為行衆人則姑誦其言而未知其所以進於是焉君即若蹈大路朝夕從事不啻飢渴之營飲食也潛心玩理望聖賢之致魁期可到而日用躬行必取先生之法度以為宗範自身及家自家及鄉人旁及親戚朋友皆經其行而述其事方諫議憂

自始喪至於葬祭一做古儀所得爲者而居喪之節鞋
細規矩於禮雖昆弟共行之而君特勉執之彌謹由是
僚友稱其孝世人信其誠又推之祭祀冠昏飲酒相見
慶弔之事皆不混習俗粲然有文以相接人咸安而愛
之盖君之所行雖以禮爲主要欲其學立其守而又樂
爲人語故人皆由其數而說其義自是比比皆知禮爲
可行者君少時瞻學洽聞無所不該一日聞先生說還
其素志而前日之學博而以約明渙然冰釋矣故比他
人功敏而得之尤多愛講明井田兵制以謂治道必是
扌卷撰成圖籍胷中了然若可推行又甞作天下爲一家
中國爲一人三賦獻槩可見其志矣君既感疾一日命亻

內外灑掃齋居冥然若邑久之客至問荅交語未終而沒則德性所養可以想見矣既卒其孤尚在鄉里夫人种氏治喪一如君所以治諫議之喪凡委巷浮屠煩鄙不經之事一不用於是延之學士大夫驚歎君之家法以見君之道固行於妻子矣子義山傳其父學蚤有立志

墓表銘

范育

惟君明善至學性之所得者盡之於心心之所知者踐之於身妻子刑之朋友信之鄉黨宗之可謂至誠敏德者矣乃表其墓曰誠德君子而系其世行云

君性純厚易直強明正亮所行不二于心所知不二于

行其學以孔子下學上達之心立其志以孟子集義之功養其德以顏子克己復禮之用厲其行其要歸之誠明不息不為衆人沮之而疑小辯奪之而屈勢利刼之而回知力窮之而止其自任以聖賢之重如此蓋大學之教不明於世者千五百年先是扶風張先生子厚聞而知之而學者未之信也君於先生為同年友一言而契往執弟子禮問焉君謂始學必先行其所知而已若夫道德性命之際惟躬行禮義久則至焉先生以謂學不造約雖勞而艱於進德且謂君勉之當自悟君乃信己不疑設其義陳其數倡而行之將以抗橫流繼絕學毅然不恤人之非間已也雖先生亦歎其勇為不可及

始居讀議喪衰麻斂奠葬祭之事悉捐習俗事尚一倣
諸禮後乃寖行於冠昏飲酒相見慶弔之間其文節粲
然可觀人人皆識其義相與起好矜行一朝知禮義之
可貴久之君之志既克少施而於趣時求中未能沛然
不疑然後信先生之學本末不可踰以造約為先務矣
先生既沒君益脩明其學將援是道推之以善俗且必
於吾身親見之既而曰有命不得於今必得於後世其
始講修先生之法曰如有用我者舉而措之而已既又
篤夫君子之德不存焉雖不試而不悔始也急於行已
既乃至而不追優游乎道之可樂始也嚴於率人既乃
和而不解使學者趨而不厭嗚呼非持久不已孰能與

於此君與人語必因其所可及而喻諸義治經說詩於身踐而心解其文章不作於無用

正字名大臨字與叔學於橫渠之門橫渠卒乃東見二先生而卒業焉元祐中為太學博士祕書省正字范內翰薦其修身好學行如古人可為講官不及用而卒有易詩禮中庸說文集等行世

祭文

嗚呼吾十有四年而予始生其幼也吾撫之其長也吾誨之以至官學之成莫不見其始終於其亡也得無慟乎得無慟乎予之學博及羣書百妙達義理如不出諸口予之行以聖賢為法其臨政事愛民利物若無能者子

之文章繼及古人薄而不為四者皆有以過人而其命
乃不偶於世登科者二十年而始改一官居文學之職
者七年而逝茲可哀也已茲可痛也已子之婦翁張天
祺嘗謂人曰吾得顏回為壻矣其為人所重如此子於
窮達死生之際固已了然於胸中矣然吾獨不知子之
亡也將與物為伍邪將與天為徒邪將無所通而不可
邪是未可知也子之才皆可以知此固不待吾之喋喋
也今獨以喪事為告子之柩以方暑之始將卜晨歸祔
于先塋乃擇明日遷于西郊之僧舍以待時焉嗣子省
山實為喪祭之主將行一奠終天永訣哀哉

伊川先生

雍行録

元豐庚申歲予行雍華間關西學者相從者六七人予以千錢掛馬鞍比就舍則亡矣僕夫曰非晨裝而忘之則涉水而墜之矣予不覺歎曰千錢可惜坐中二人亡聲曰千錢亡去甚可惜也次一人曰千錢微物何足亡意後一人曰水中囊中可以一視人亡人得又何歎乎予曰使人得之乃非亡也吾歎夫有用之物若沉水中則不復為用矣至雍以語呂與叔曰人之器識固不同自上聖至於下愚不知有幾等同行者數人爾其不同如此也與叔曰夫斅予者之言何如予曰最後者善與叔曰誠善矣然觀先生之言則見其有體而無用也予因書而誌之後十五年因閱故[illegible][illegible]之□□人之不

幸早死為之泣下

遺事十一條

呂進伯老而好學理會直是到底正叔謂老喜學者尤可愛人少壯則自當勉至於老矣志力須倦又慮學之不能及又年數之不多不曰朝聞道夕死可矣乎學不多年數之不足不猶愈於終不聞乎見程氏遺書

呂進伯甚好但處事太煩碎如召賓客亦須臨時改換食次吾嘗語之曰每日早晚衙纔覆便令放者只為定故也凡事皆有恁地簡易不易底道理看得分明何勞之有易曰易簡而天下之理得晉伯好學初理會箇仁字不透吾因曰世人說仁只管著愛上怎生見得仁只

要力行近乎仁力行關愛甚事何故却近乎仁推此類具言之晉伯因悟曰公說仁字正與尊人門說禪一般晉伯兄弟中皆有見處一人作詩詠曾點事曰函丈從容問且酬展才無不至諸侯可憐曾點惟鳴瑟獨對春風詠不休一人有詩曰學如元凱方成癖文到相如反類俳獨立孔門無一事只傳顏子得心齋見上蔡語錄

馬涓巨濟狀元及第為秦州簽判初學狀元呂晉伯為師謂之曰狀元云者及第未除官也既為判官不可以狀元也巨濟愧謝晉伯又謂巨濟曰科舉之學既無用脩身為己之學其勉之時謝良佐顯道作州學教授顯道為伊川程氏之學晉伯每屈車騎同巨濟過之則晤

道為講論語晉伯正襟肅容聽之曰聖人言行在焉吾不敢不肅又數以公事案牘委臣濟詳覆且曰修身為己之學不可後為政治民其可不知臣濟自以為得師後立朝為臺官有聲每歎曰吕公教載之恩也見邵氏聞見錄

吕晉伯帥秦時倅之子張驥景前時從問學後入太學來書見汲公晉伯云微仲不須見不若見大臨舍弟見吕氏雜誌

和叔任道擔當其風力甚勁然深潛縝密有所不逮於與叔見程氏遺書下同

和叔及相見則不復有疑既相別則不能無疑然亦未

知果能終不疑不知他既已不疑而終復有疑伯淳言何不問他疑甚不如劇論
正叔謂洛俗恐難化於秦俗子厚謂秦俗之化亦先自和叔有力焉亦是士人敦厚東方亦恐難向風
巽之凡相見須窒礙蓋有先定之意和叔一作與叔據理合滯礙而不然者只是他至誠便相信心直篤巽之范侍郎育
先生云呂與叔守橫渠學甚固每橫渠無說處皆相從纔有說了更不肯回
問人之燕居形體怠惰心不慢可否曰安有箕踞而心不慢者昔呂與叔六月中來緱氏閒居中某嘗窺之必

見其儼然危坐可謂敦篤矣學者須恭敬但不可令拘迫拘迫則難久也尹子曰嘗親聞此乃謂劉質夫也

呂與叔以門蔭入官不應舉或問其故曰不敢揜祖宗之德見呂氏雜誌

伊洛淵源録卷第八

伊洛淵源録卷第九

蘇學士名昞字季明武功人亦横渠門人而卒業於

程氏者元祐末吕進伯薦之自布衣召為博士後坐上書邪黨竄鄱陽今無以考其言行之詳特載吕公薦狀如左云

奏狀

吕正字代伯兄作

右臣伏見京兆府處士蘇昞德性純茂强學篤志行年四十不求仕進從故崇文校書張載之學為門人之秀秦之賢士大夫亦多稱之如蒙朝廷擢用俾充學官之選必能盡其素學以副朝廷樂育之意或不如所舉臣甘罔上不忠之罪

遺事三條

季明安見遺書

蘇季明以上章得罪貶饒州過洛和靜館之伊川訪焉既行伊川謂季明殊以遷貶為意和靜曰然也焞嘗問季明當初上書為國家計邪為身計邪若為國家計自當欣然赴饒州若為進取計則饒州之貶猶為輕典季明以焞言為然先生曰名言名言見涪陵記善録

後世司言責者於人主前非所當言代王言者則顛倒錯亂只為他學無源流如在伊川之門衆矣不知其要者依舊無所得如横渠聲動關中關中尊信如夫子蘇季明從横渠最久以其文釐為十七篇自謂能知大旨

及後來坐上書邪黨却是未知橫渠橫渠有詩云中天
宮殿欝岧嶤瓦縫參差切絳霄䕢藿野心雖萬里不無
忠戀向清朝夫豈不欲行道於世然在館中半年即去
後十年復召用之不半年又去只為道不合即去也朝
廷事自有宰相執政其次有諫官御史李明越職上書
得罪甚重亦必有非所宜言者矣見胡氏傳家録
謝學士名良佐字顯道上蔡人與游察院楊文靖同
時受學歷仕州縣建中召對除書局官後復去
為莞庫以飛語坐繫詔獄褫官有論語説文集
語録行於世游公為誌其墓今訪求未得

明道初見謝子語人曰此秀才展拓得開將來可望見上蔡語録

謝顯道習舉業已知名往扶溝見明道先生受學志甚篤明道一日謂之曰爾輩在此相從只是學某言語故其學心口不相應盍若行之請問焉曰且靜坐伊川每見人靜坐便歎其善學見祁寬所記尹和靖語

明道知扶溝縣事伊川侍行謝顯道將歸應舉伊川曰何不止試於太學顯道對曰蔡人尠習禮記決科之利也先生曰汝之是心已不可入於堯舜之道矣夫子貢之高識曷嘗規規於貨利哉特於豐約之間不能無留情耳且貧富有命彼乃留情於其間多見其不信道也

其後來坐上書邪黨却是未知横渠横渠有詩云五雲
宮闕鬱岧嶤冗縱參差切絳霄葵藿野心雖萬里不無
忠戀向清朝夫豈不欲行道於世然在館中半年即去
後十年復召用之不半年又去只為道不合即去也朝
廷事自有宰相執政其次有諫官御史季明越職上書
得罪甚重亦必自非所宜言者矣見胡氏傳家錄

謝學士名良佐字顯道上蔡人與游察院楊文靖同
時受而歷仕州縣建中召對除書局官後復去
為莞率以飛語坐繫詔獄褫官有論語說文集
語錄行於世遊公為誌其墓今訪求未得

明道初見謝子語人曰此秀才展拓得開將來可望見上蔡語録

謝顯道習舉業已知名往扶溝見明道之受學志甚篤明道一日謂之曰爾輩在此相從只是學某言語故其學心口不相應盍若行之請問焉曰且靜坐伊川每見人靜坐便歎其善學見祁寬所記尹和靖語

明道知扶溝縣事伊川侍行謝顯道將歸應舉伊川曰何不止試於大學顯道對曰蔡人尠習禮記決科之利也先生曰汝之是心已不可入於堯舜之道矣夫子貢之高識曷嘗規規於貨利哉特於豐約之間不能無留情耳且貧富有命彼乃留情於其間多見其不信道也

故聖人謂之不受命有志於道若要當去此心
語也顯道乃止是歳亦登第見程氏遺書下同
蔡州謝良佐雖時學中因議州舉學試得失便不復計
較
明道謂謝子雖小魯直是誠篤理會事有不透其顙有
泚憤悱如此見侯子雅言
朱公掞以諫官召過洛見伊川顯道在坐公掞不語伊
川指顯道謂之曰此人爲切問近思之學見程子外書
謝先生初以記問爲學自負該博對明道先生舉史書
不遺一字明道曰賢却記得許多可謂玩物喪志謝聞
此語汗流浹背面發赤明道却云只此便是惻隱之心

及看明道讀史又却逐行看過不差一字謝甚不服後来省悟却將此事做話頭接引博學之士見胡氏傳家録

昔日作課簿以記日用言動視聽是禮與非禮者昔日學時只垂足坐不敢盤足又云昔者用功處甚多但不敢說與諸公恐諸公以謂須得如此見上蔡語録下同

謝子與伊川別一年往見之伊川曰相別又一年做得甚工夫謝曰也只是去箇矜字曰何故曰子細點檢得来病痛盡在這裏若按伏得這箇罪過方有向進處伊川點頭因語坐同志曰此人為學切問近思者也胡文定公問矜字罪過何故恁地大謝曰今人做事只管要

誇耀別人耳目渾不關自家受用事有底人食前方丈便向人前喫只蔬食菜羹却去房裏喫爲甚恁地

知命雖淺近也要信得及將來做田地就上面下工夫余初及第時歲前夢入内庭不見神宗而太子涕泣及釋褐時神宗晏駕哲宗嗣位如此等事直不把來草草看却萬事真實有命人力計較不得吾平生未嘗干人在書局亦不謁執政或勸之吾對曰他安能陶鑄我自有命在若信不及風吹草動便生恐懼憂喜枉做却閑工夫枉用却閑心力信得命及便養得氣不挫折

胡子問謝子曰公於外物一切放得下否謝子謂胡子曰可謂切問也胡子曰何以答之謝子曰實向他道在

上面做工夫来胡氏曰如何做工夫謝子曰凡事須有根屋柱無根拆便倒樹木有根雖剪枝條相次又發如人要富貴要他做甚必須有用處尋討要用處病根將来斬斷便沒事

或問謝子於勢利如何曰打透此關十餘年矣當初大故做工夫揀難捨底棄却後來漸漸輕至今日於器物之類置之只為合要用却並無健羨底心

舊多恐懼常於危階上習又曰六文一管筆特地寫教不好打疊了此心

釋氏只要箇絕念慕初得似釋氏明道問道日用心對曰近日只用何思何慮一句伯淳曰有此理只是發得

太早。
問太虛無盡心有止安得合一曰心有止只爲用他者不用則何止吾丈莫已不用否曰未到此地除是聖人便不用當初曾發此口被伊川一句壞了二十年曾往見伊川伊川曰近日事如何某對曰天下何思何慮伊川曰是則是有此理賢發得太早在問當初發此語時如何曰見得這箇事經時無他念接物亦應副得去問如此却何故被一句轉却曰當了終須有不透處當初若不得它一句救拔便入禪家去矣伊川直是會煅鍊得人說了又却道恰好着工夫也問聞此語後如何曰至今未敢道到何思何慮地位始初進速後來遲十數

年過卻如夢如挽弓到滿時愈難開然此二十年聞見知識卻煞長案前段與此小異蓋前段曾氏所記而此段胡氏所記也未知孰是姑兩存之

馮忠恕聞陳叔易言伊川嘗許謝良佐有王佐才以是質於和靖和靖曰先生無此語先生晚年顯道授澠池令來洛見先生留十餘日先生謂焞如見顯道試問此來所得如何焞即往問焉顯道曰良佐每常聞先生語多疑惑今次見先生聞先生語判然無疑所得如此具以告先生先生曰其見得它也是如此雖甚喜之但不聞此語耳見涪陵記善錄

謝顯道建中間上殿不稱旨先生聞之喜已而就監門

之識陳貴一問顥道何如人先生曰由求之徒見子[illegible]遺書
謝子見河南夫子辭而歸尹子送焉問曰何以教我謝子曰吾徒朝夕從先生見行則學聞言則識譬如有人服烏頭者方其服也顏色悅懌筋力彊盛一旦烏頭力去將如之何尹子反以告夫子夫子曰可謂益友矣見上蔡語録
謝先生監西竹木場朱子發自太學與弟子權偕往謁之坐定子發進曰震願見先生久矣今日之來無以發問不識先生何以見教先生曰好待與賢說一部論語子發私念日刻如此何由親款其講說已而具飯酒五

行只說他話及荼䕷乃掀髯曰聽說論語首舉子見齊衰者與冕衣裳者與瞽者見之雖少必作過之必趨又舉師冕見及階子曰階也及席子曰席也皆坐子曰某在斯某在斯子張問曰與師言之道與曰固相師之道也夫聖人之道無微顯無內外由灑掃應對進退而上達天道本末一以貫之一部論語只恁地看見上蔡語錄後跋

學者必求仁須將孔門問答仁處編類考察自體認一箇緊要處方可若不實見得分明則流為釋氏是自家元不曾有見處龜山語至此更不說破謂說時只是口前事不如使人自體認上蔡則不然有問則歷歷言之

人命直謂說後曉者自是去做

游察院

墓誌銘

楊文靖公

予昔在元豐中受業於明道先生兄弟之門有友二人焉謝良佐顯道公其一也公諱酢字定夫建州建陽人初與其兄醇俱以文行知名於時所交皆天下英豪公雖少而一時老師宿儒咸推先之伊川先生以事至京師一見謂其資可與適道是時明道先生知扶溝縣事先生兄弟方以倡明道學為己任設庠序聚邑人子弟教之召公來職學事公欣然往從之得其微言於是盡棄其學而學焉其後得邑河清予往見之伊川謂予曰

游君德器粹然問學日進政事亦絶人遠甚於師門見稱如此其所造可知矣元豐六年登進士第調越州蕭山尉用侍臣薦召為太學録改宣德郎除博士公以食貧待次奉親不便就擬知河清縣忠宣范公判河南待以國士有疑議

訂移守潁昌辟公自隨為學教授未幾還朝復秉鈞軸即除公太學博士已而忠宣罷政公亦請外矣除簽書齊州判官廳公事丁太中公憂服除再調泉州簽判上皇即位召還為監察御史出知和州歲餘管勾南京鴻慶宮居太平州兩乞再任知漢陽軍以親老再乞宮祠除提點成都府長生觀丁太碩人憂服除知舒州移知濠州不數月會從官論守衛

晉陽寓歷陽因家焉宣和五年五月二十三日以疾終
于正寢享年七十有一葬于和州含山縣東韓嶺之原
公自幼不群讀書一過目輒成誦比壯益自力心傳自到
不為世儒之習誠於中形諸外儀容辭令粲然有文望
之知其為成德君子也其事親無違交朋友有信莅官
遇僚吏有恩意雖人樂於自盡而無敢慢其令者惠政
在民戴之如父母故去則見思愈久而不忘筮仕之初
來吏事縣有疑獄十餘年不能決公攝邑事一問得其
情而釋之精練如素官者人服其明比年以來編民困
於征斂而修奉祠館市材調夫無虛月所至騷然公歷
守四郡處之裕如雖時有興造民初不知而事集娶呂

氏封宜人，有賢行，事舅姑以孝聞，友娣姒以睦，姻族人無間言。公素貧，不治生産，夫人攻苦食淡，能宜其家。先公卒。子男七人：撝、擬、捄、握、損、撥、拂。女歸某之子適。有中庸義一卷、易說一卷、詩二南義一卷、論語孟子雜解各一卷、文各一卷，藏於家。

遺事五條

建州游酢非昔日之游酢也，固是穎然，資質溫厚。南劒州楊時雖不逮酢，然煞穎悟。見程氏遺書

游酢於西銘讀之已能不逆於心，言語之外別立得這箇意思，便道一作到中庸矣。見外書

沂進游楊輩數人入太學，不惟議論須異，且動作亦必

有異故為學中以異類待之又皆學春秋愈駭俗矣見程氏遺書下同

游酢楊時先知學禪已知向裏沒安泊處故來此却恐不變也游定夫後更為禪學大觀間本中嘗以書問之云儒者之道以為父子君臣夫婦朋友兄弟順此五者則可以至於聖人佛者之道去此然後可以至於聖人吾丈既從二程先生學後又從諸禪老遊則二者之間必無滯閡敢問所以不同何也游丈答書云佛書所說世儒亦未深考往年嘗見伊川先生云吾之所攻者迹也然迹安所從出哉要之此事須親至此地方能辨其同異不然難以口舌爭也游定夫嘗言前輩先生往往

不曾看佛書故詆之如此之甚其所以破佛者乃佛書
自不以爲然者也見呂氏雜志

伊洛淵源録卷第九

伊洛淵源録卷第十

楊文靖公

墓誌銘　胡文定公

自孟子没遺經僅在而聖學不傳所謂見而知之與聞而知之者世無其人則有西方之傑竊見間隙遂入中國舉世傾動靡然從之於是人皆失其本心莫知所止而天理滅矣宋嘉祐中有河南二程先生得孟子不傳之學於遺經以倡天下而升堂覩奥號稱高第在南方則廣平游定夫上蔡謝顯道與公三人是也公諱時字中立姓楊氏既没踰年諸孤以右史呂本中所次行狀來請銘謹案楊氏出於弘農爲望姓五世祖唐末避地

閬中寓南劍州之將樂縣因家焉資稟異甚八歲能
屬文熙寧九年中進士第調汀州司戶參軍不赴杜門
種學渟滀涵浸人莫能測者幾十年久之乃調徐州司
法丁繼母憂服闋授虔州司法公燭理精深曉習律令
有疑獄衆所不決者皆立斷與郡將議事守正不傾罷
外艱除喪遷瀛州防禦推官知潭州瀏陽縣安撫使張
公舜民以客禮待之漕使胡師文惡公之與張善也歲
饑方賑濟劾以不催積欠坐衝替張公入長諫垣薦之
除荊南教授改宣德郎知杭州餘杭縣遷南京宗子博
士會省負知越州蕭山縣提點均州明道觀成都府國
寧觀後例罷差監常州市易務公年幾七十矣是時天

多故或説當世貴人以為事至此必敗宜力引耆德老成置諸左右開導上意庶幾猶可及也則以祕書郎召到闕遷著作郎及對陳儆戒之言除邇英殿説書公知時勢將變遂陳論政事其略曰近日蠲除私稅而廣濟軍以放稅降官是名令為虚文耳安土之民不被惠澤而流亡為盜者獨免租賦百姓何憚不為盜夫信不可去急於食也宜從前詔嘉祐通商榷茶之法公私兩便今茶租鐵如故而榷法愈急宜少寬之諸犯榷貨不得根究來歷今茶法獨許根究追呼蔓延犴狴充斥宜即革之東南州縣均敷鹽鈔迫於殿最計口而授人何以堪宜酌中立額使州縣易辦發運司宜給糴本以復

轉般之舊和預買宜損其數而實支所買之直燕雲之軍宜退守內郡以省運輸之勞燕雲之地宜募邊民為弓箭手使習騎射以殺常勝軍之勢衛士天子爪牙而分為二三宜循其舊不可增損凡十餘事執政不能用而虜騎已入寇則又言今日所急者莫大於收人心邊事之興免夫之役毒被海內誤國之罪宜有所歸西城聚斂東南花石其害尤甚宿姦巨猾借應奉之名豪奪民財不可數計天下積憤鬱而不得發幾二十年欲致人和去此三者會淵聖嗣位公乞對曰君臣一體上皇痛自引咎至託以倦勤避位而宰執叙遷安受不辭此何理也城下之盟辱亦甚矣主辱臣死大臣宜任其責

而皆首爲竄亡自全之計陛下孤立何賴焉乞正典刑爲臣子不忠之戒童貫爲三路總帥虜人侵疆棄軍而歸置而不問故梁方平何灌相繼逃去大河天險棄而不守虜人奄至城下而朝廷不知帥臣失職無甚於此宜以軍法從事防城所仍用閹人提舉授以兵柄此覆車之轍不可復蹈淵聖大喜擢右諫議大夫虜人厚取金帛又遂賂以三鎮遂講和而去公上疏曰河朔朝廷重地三鎮又河朔要藩今一旦棄之虜廷以二十州之地貫吾腹中距京城無藩籬之固戎馬疾驅不數日而至此非經遠之謀四方勤王之師逾月而後集使之無功而去厚賜之則無名不與則生怨不可不慮也如聞

三鎮之民欲以死拒守今若以兵攝之使腹背受敵宜可為也朝廷欲專守和議以契丹百年之好猶不能保寧能保此狂虜乎夫要盟神不信宜審處之無至噬臍於是淵聖乃詔出師而議者多持兩端屢進屢却公又言聞虜人駐兵磁相劫掠無筭誓書之墨未乾而叛不旋踵肅王初約及河而反今挾之以往此叛盟之大者吾雖欲專守和議不可得也今三鎮之民以死拒之於前吾以重兵擁其後此萬全之計望斷自宸衷無惑浮言而議者不一故終失此機會於是太原諸郡皆告急矣太學生伏闕乞留李綱种師道軍民從之者數萬人執政慮其生亂引高歡事揭榜於衢且請以禮起邦彥

公言士民伏闕詬罵大臣發其隱慝無所不至出於一時忠憤非有作亂之心無足深罪李邦彥首畫逋逃之策捐金割地質親王以主和議罷李綱而納誓書李鄴奉使失辭帷虜言是聽此二人者國人之所同棄也今數告中外乃推平賊和議之功歸此二人非先王憲天自民之意宜收還榜示以慰人心邦彥等既罷趙野尚存公復言野昔嘗建不請禁士庶以天王君聖為名者上皇後以為謟諛之論廢格不行而野猶泰然不以為耻乞賜罷黜上皆從之或意太學生又將伏闕鼓亂乃以公兼國子祭酒遂言蔡京以繼述神宗皇帝爲名實挾王安石以圖身利故推尊安石加以王爵配享孔子

廟廷然致今日之禍者實安石有以啓之也謹按安石昔爲邪説以塗學者耳目敗壞其心術者不可縷數姑即一二事明之昔神宗皇帝稱美漢文罷露臺之費安石乃言陛下若能以堯舜之道治天下雖竭天下以自奉不爲過也夫堯舜茅茨土階其稱禹曰克儉于家則竭天下者必非堯舜之道後王黼以三公領應奉司號爲享上實安石自奉之説有以倡之也其釋鳧鷖之末章則曰以道守成者役使群衆泰而不爲驕宰制萬物費而不爲侈按此章止謂能持盈則神祇祖考安樂之無後艱耳而安石獨爲此説後徐蔡京輩爭以奢僭相高輕費妄用窮極瑶侈實安石此説有以倡之也其害豈

下[illegible]說乞正其學術之繆追奪王安石明詔中外毀去配享之像遂降安石從祀之列諫官馮澥力主王氏上疏詆公又會學官紛爭有旨皆罷即上章乞出除給事中章又四上請去益堅以徽猷閣直學士提舉西京崇福宫又懇辭職名不當得有旨楊某學行醇固諫諍有聲請閑除職累月懇辭宜從其志以勵廉退改徽猷閣待制上即位除工部侍郎論自古賢聖之君未有不以典學爲務者以君德在是故也上然之除兼侍講二年以老疾乞出除龍圖閣直學士提舉杭州洞霄宫四年上章告老從之紹興五年四月二十四日終于正寢享年八十有三葬本邑西山之原近臣朱震奏公嘗排邪說

以正天下學術之謬辯誣謗以明宣仁聖烈之功雪冤邪以復昭慈聖獻之位據經論事不愧古人所著三經義辨有益學者乞下本州抄録仍優恤其家有旨贈官贈以金帛娶余氏贈碩人先卒子五人迪早卒適遹適造已仕女四人長適陳淵次陸棠次李郁次未嫁孫男七人孫女五人曾孫一人公天資高曠濟以問學充養有道德器早成積於中者純粹而閎深見於外者簡易而平淡閒居和樂色笑可親臨事裁處不動聲氣與之遊者雖群居終日嗒然不語飲人以和而鄙薄之態自不形也推本孟子性善之説發明中庸大學之道有欲知方者爲指其攸趣無所隱也當時公卿大夫之賢者

莫不尊信之崇寧初代余典教泮宮始獲從公遊三十年間出處險夷亦嘗覸之熟矣視公一飯雖蔬食脆甘若皆可於口未嘗有所嗜也每加一衣雖狐貉縕袍皆適於體未嘗有所擇也平生居處雖弊廬廈屋若皆可以託宿未嘗有所羨而求安也故山之田園皆先世所遺守其世業亦無所營增豆區之入也老之將至沉伏下僚厄窮遺佚若將終身焉子孫滿前每食不飽亦不改其樂也然則公於斯世所欲不存果何求哉心則遠矣凡訓釋論辨以闢邪說存於今者其傳浸廣故特載宣和末年及靖康之初諸所建白以表其深切著明而公之學於河南小嘗試之其用已如此所謂擾而止之

而止必有以也進不隱賢必以其道豈不信乎世或以不屑去就公蓋淺之為丈夫也銘曰

天不喪道文其在茲維天之命尸者其誰孰能識車中之狀意欲施之兄弟而處並為世師偉茲三賢闊步共馳有學術業顏其餒而公名最顯垂範有祠豈不見庸孔鄭厥時狂瀾奔潰底柱不欹邪說害正倚門則撣嗟彼姦罔識言詆欺我扶有極人用不迷奚必來世判其是非有援則止直道何疵不勉而和展也可夷河流在北伊水之湄誰其似者訂此銘詩

龜山誌銘辯

宏問何故西方之傑窺見間隙遂入中國答曰自孟子

既沒世無傳心之學此一片田地漸漸拋荒至東晉時無人耕種佛之徒如達磨輩最為桀黠見此間隙以為無人遂入中國面壁端坐揚眉瞬目到處稱尊此土之人拱手歸降不能出他圈繢

宏又問佛之徒既是直指人心見性成佛何故卻言人人失其本心莫知所止答曰釋氏自言直指人心見性成佛吾卻言失其本心莫知所止大段懸遠宏又問何故懸遠答曰昔明道先生有言以吾觀於儒釋事事是句句合然而不同宏又問既云事事是句句合何故卻不同答曰若於此見得許汝具一隻眼

宏又問據楊氏家錄稱先生不欲為市易官呂居仁亦

云辭不就今誌中何故削去不就二字答曰此此是它門未曾契勘古人出處大致君書不就兩字便不小了龜山差監市易務即辭不就除祕書省校書郎却授而不辭似此行徑雖子貢之辯也分說不出矣今但只書差監市易務公年將七十矣即古人乘田委吏之比意思渾洪不卑小官之意自在其中乃是畫出一箇活底楊龜山也并遷著作郎并邇英殿說只時一向衮說將去不消更引高麗國王事說它龜山前代如伍瓊亦嘗薦諸賢於董卓卓召用之除申屠蟠外諸賢皆至或旬月遞歷三臺而無非之者此亦是有底事不足為文飾也若又問卷三氏一章却似迂濶何故載之答曰此是取

王氏心肝底劄子手段何可不書書之則王氏心肝懸
在肉案上人人見得而蔽溪邪遁之辭皆破矣
宏又問或說龜山被召過南京見劉器之劉問此行何
為龜山曰以貧故劉曰若以貧故則更不消說答曰傳
言如此未知信否若據吾則不然劉若問此行何為但
對曰老年無用處且入這保社它若更問還有轉身一
路否但曰料得無處分說一任旁人點撿不然者若問
此行何為只答云竿木隨身亦自脫灑
宏再問何故載果何求哉心則遠矣一句答曰陶公是
古之逸民也地位甚高决非惠遠所能招劉雷之徒所
能友也觀其詩曰結廬在人境而無車馬喧問君何能

一爾心遠地自偏即可知其為人故提此一句以表之而龜山之賢可想見矣世人以功名富貴累其心者何處更有這般氣象但深味心則遠矣一句即孟子所謂所欲不存若將終身若固有之氣象亦在其中矣宏又問如何是心則遠矣答曰或尚友古人或志在天下或慮及後世或不求人知而求天知皆所謂心遠矣

宏又問行狀云陳公瓘鄒公浩皆以師禮事先生何故不載答曰凡公卿大夫之賢者於當世有道之士莫不師尊之其稱先生有二義一則如後進之於先達或年齒居長或聲望早著心高仰之故稱先生若韓子之於盧仝歐陽永叔之於孫明復是也其一如子弟之於父

凡居則侍立出則杖屨服勤至死心喪三年若子貢曾
子之於仲尼近世呂與叔潘康仲之於張橫渠是也今
一槩稱以師禮事先生恐二公之門人未達故不復書
大觀庚寅在都城嘗見了翁與龜山書稱中立先生初
亦疑之後乃知字者親厚之意先生者高仰之稱也亦
可見矣兼龜山道學自為當世所高而誌中已稱公鄉
大夫之賢者莫不尊信之矣不必更引二公以為重
宏又問行狀云胡公之徒實傳其學此事如何答曰吾
於謝游楊三公皆義兼師友實尊信之若論其傳授却
自有來歷據龜山所見在中庸自明道先生所授吾所
聞在春秋自伊川先生所發汝但觀吾春秋傳延是自

頭六十歲以後所著必無大段抵捂更有改易去處其書十萬餘言大抵是說此事試詳閲之必自知來歷矣

答陳幾叟書

龜山誌銘初不敢下筆以情意之厚義難固辭故不得已勉強爲之世人之知龜山者甚多而疑謗之者亦不少故安國論其行已處自飲食衣服居處之際至於若符終身不改其樂事皆有實以折服衆多之口至其大略又用語孟正蒙三說爲證故措辭雖不工而意却有所主只如差監市易務事乃平生履歷故不可闕君據龜山所言却甚明白雖書不就無害也但行録乃言不欲爲市易官於語脉中轉了龜山之意却似嫌其太卑

冗而不爲須當削去不就二字夫年已七十欲爲營度
卽見得遺佚阸窮不憫怨之意正要此一句用豈可不
書乎其後以秘書召還著作郎等事此正謂援而止之
而止者也夫援而止之而止未有是處而龜山獨稱爲
仁者特以進不隱賢必以其道耳故備載所論當時政
事十餘條此事它人不能言而龜山獨能言之又時然
後發所以尤可貴耳當時宰執中若能聽言委直院吳
元忠輩畫一條具因南郊赦文行下決須救得一半不
至如後來大段狼狽也若龜山此舉可謂老婆心切矣
世人不察其用心之所在知之者見其赴召則曰此御
筆也夫違御筆者以大不恭論自政和末年以來已是

海行指揮豈可以此定賢者之出處以其不可違而説召假有論及申屠蟠笑而不答之事則又何辭以對故龜山之赴召非畏海行指揮乃懼天下之人在塗炭之中而有惻然不忍人之心是以不屑去耳故安國於龜山宣和靖康中諸所建白詳載其本末所以致其區區之意破紛紛之議使天下後世疑謗者莫不自消釋矣其章疏中所論王氏著為邪説以塗學者耳目敗壞其心術又即一二事以明之此真拔本塞源者也幾叟何以尚言猶是一時之論乎五經皆空言也雖不如春秋一句即是一事然明理以垂訓以待後之學者豈曰小補之哉故説者以謂五經如藥方春秋猶用藥治病此

亦互相發耳誌中又載近臣所論闢邪說以正天下學術之謬所著三經義辨有益學者夫以義辨爲有益則新義之爲害可知故誌篇之末獨言凡著述論辨其存於今者非見諸行事故因此語反覆證明諸所建白之尤爲深切耳而著述論辨之功自在若以爲緩辭則誤矣故安國意不欲有所改更必欲更之但曰著述論辨存於今者其傳浸廣可也公更思之如何

記姜市易務事始末　陳淵

龜山宣和四年既罷祠官貧甚不果赴部郭慎求在朝以書問所欲公已年七十矣癸巳生宣和四年歲在壬寅年已七十答以老不能辨事惟求一筦庫爲貧耳慎

求得書詢吏部見闕監當官近毗陵未差者吏部報以常州市易務即為求得之馳以告公慎求初亦不知前一日為人所授公聞之曰非見闕同於吾事無濟然市易事吾素不以為然縱使得祿其可就乎蓋慎求不察吾意耳五年秋末果退闕因傳國華之薦召赴都堂審察即以足疾辭不赴六年國華又以前請未行再薦遂以秘書郎召對且御詔若辭者坐罪乃不克免先是傳國華奉使三韓得旨許於經由三路凡人材可薦者薦之不限以員及歸具奏臣往來京西淮浙人材可薦者甚多然抱道處晦無如楊時者願以所得薦三路人材薦此一人上亦聞公名啟始召審察又召上殿云若留京

監市易務不就除秘書郎即就即非同時事失其實矣今削去不就二字爲當更恐欲見其實故具之然如市易務方待闕未上雖不見於墓誌亦可也

行狀略　呂舍人

虔守楚潛議法平允而通判楊增多刻深先生每從潛議增以先生爲附太守輕己及潛去後守林某議不持平先生力與之爭方知先生能有守也

知潭州瀏陽縣安撫使張公舜民雅敬重先生每見必談拜席與均禮知杭州餘杭縣簡易不爲煩苛遠近悅服蔡京方相貴盛母前葬餘杭用日者之言欲浚湖瀦水爲形勢便利託言欲以便民事下餘杭縣先生詢問

父老人人以爲不便即條上其事得不行
知越州蕭山縣蕭山之人聞先生名不治自化人人圖
畫先生形像就家祠焉
或說當世貴人以爲事至此必敗宜力引耆德老成置
上左右開導上意庶幾猶可及也會路允迪傅墨卿使
高麗高麗王問兩人龜山先生今在何處兩人對方召
赴闕矣及還遂以名聞因薦政府宜及此時力引先生
政府然之遂以祕書郎召及對陳儆戒之言上嘉納焉
太原被圍朝廷遣姚古救援古逗留不進先生上言乞
誅古以肅軍政又率同列上疏論蔡京王黼童貫等罪

食息訓經不差不陵師訓是程軌道以趨不畔墨繩行
𪾢鄉黨世孰知之遺文蔚然不可瑕疵胡不百年以究
其業齋志莫陳方壯而折夭其或者尚相公子我銘幽
竁以告來世

伊洛淵源録卷第十

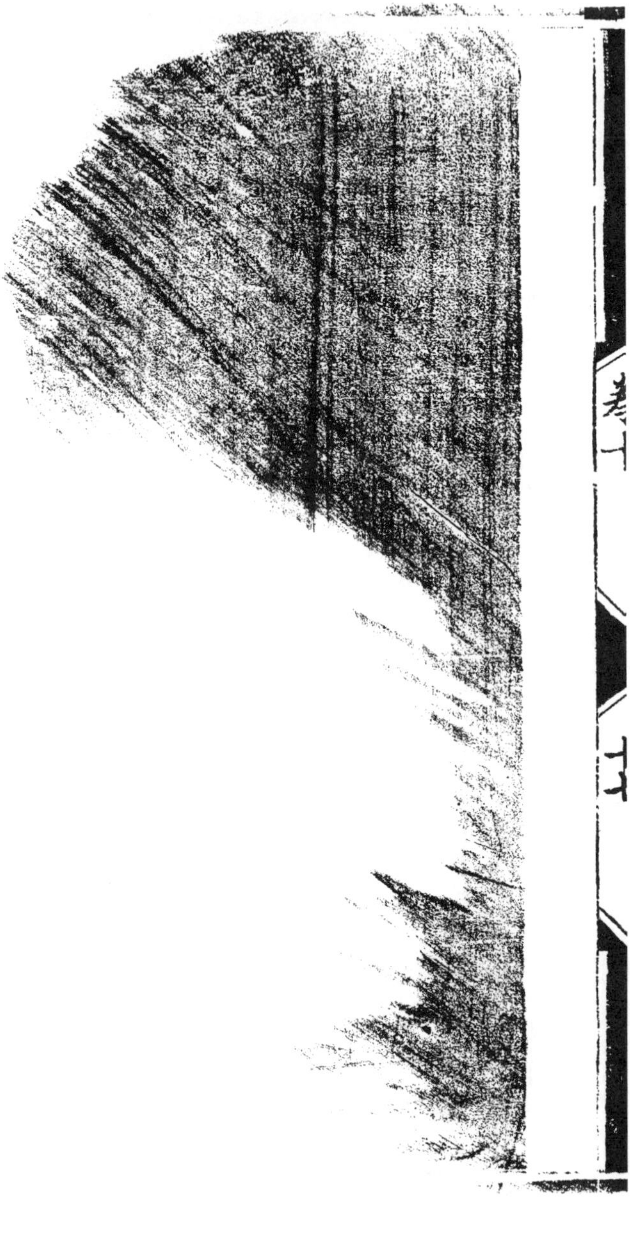

伊洛淵源録卷第十二

劉起居

墓誌銘　　許景衡

公諱安節字元承温州人資禀不凡方兒時已有遠度比長嗜學有所未達思之夜以繼日必至於得而後已少與從父弟今徽猷閣待制安止相友愛皆以文行為士友所稱既冠游太學元符三年擢進士第調越州諸曁主簿國子祭酒率其屬表留公太學不報除莱州州學教授未行改河東提舉學事司管勾文字改宣徳郎召對便殿公言春宮宜慎擇官屬雖左右趨走者必惟其人又論節儉及君子小人和同之異上稱善顧問甚

悉郎日擢爲監察御史數決大獄所平反甚衆居數月攝殿中侍御史時公方謁告省親既陛辭而命下不及供職而歸俄除起居郎趣赴闕公迎父宣義而西居無何宣義思歸公欲乞外補宣義固止之明年遷太常少卿而言者斥公在言責時無所建明且父不寧親責守饒州州荐飢公至大發廩賑之又檄旁郡無遏糴軍儲不足它日皆強取諸民公曰歲荒如此重困之可乎它司宜有相通者政應調適其緩急耳市人數爲在官者所擾逃散郊外公躬率以廉察屬化之未幾飢者充乏者濟逃者復於是與之治賦出栽制貢奉之須俾屬縣先期戒民無倉卒之擾移知宣州去饒州二日民遮留

之澤泣不忍別耆壽以爲吾州自范文正公後惟吾劉公而已至宣十日而水大至公分遣其屬具舟振溺而躬督之晝夜不少休所活幾數千人而遠近流民至者以萬數公闢佛廟以處之發廪以活之一無失所者其將發廪也吏以爲法令不可而部使者亦持其議公皆弗聽大疫公命醫官治甚力其得不死者不可計文和六年夏五月卒年四十九娶何氏公之娶也初行親迎之禮鄉人慕而繼之旁郡聞多竊笑比年朝廷頒五禮於天下於是人皆思公之倡始云子男曰暨孫有異質九歲而夭一女尚幼以安止之子誠爲後公天資近道而敏於學問其所趨尚非世俗所謂學者嘗從當世賢

而有道者游始以致知格物發其材沉涵熟復存心養性久之於是有得其貌温然望之知其有容過人無貴賤小大一以誠雖忤己者未嘗見其有怒色恚辭也其在河東同僚有交惡者一日邂逅公座間其緒餘不覺自失相與如初其恬静弗校宜若易與者至於有所立則挺然不可回奪曾不知禍福利害可以爲避就也鄒公浩以右正言得罪公與其所厚數輩追路勞勉之朝廷震怒追逮甚急人皆惴恐公獨泰然如平時既而哲宗察其無它有詔釋之而公亦自若也事親能承順其意教養諸弟涵容周還有古人所難能者族居踰百口上下愛信雖臧獲無間言也常曰堯舜之道不過孝弟

天下之理有一無二廼若異端則有間斷矣聞人善如己出或歸以過則未嘗辨遇事不擇劇易人所厭苦者任之裕然無迫遽勤瘁之色其與人遊常引其所長而陰覆其不及諸暨令不事事州將欲易它邑公既左右之振其綱條又稱其長者將卒善待之宣州賑濟公疏以為非敢專也蓋有所受之故朝廷録部者之功而進秩焉蓋其志非敢私佚其身而在於為人其所施置常在於公天下以為不如是則非所謂合內外通彼我也所治二州專以仁義教化平易近民民有訟委曲訓戒之俾毋再犯間有鬬者將愬于官則曰何面目復見府公遂捨去以是廷無可治之事或踰旬不施笞朴

遺事

或問劉子進乎曰未見它有進處問所以不進者何曰只為未有根因指庭前荼蘼曰此花只為有根故一年長盛如一年問何以見他未有進處曰不道全不進只它守得定不變却亦早是好手如康仲之徒皆忘却了

見上蔡語錄

尹侍講

墓誌銘

呂稽中

先生洛人也姓尹氏曾祖諱仲宣娶張氏生七子而二子有名長子諱源字子漸是謂河內先生次子諱洙字師魯是謂河南先生河內娶何氏生四子其長子諱林

□□□書虞部員外郎娶劉氏萬年縣君劉氏卒□□
福昌縣君是生先生先生諱焞字德充少孤奉母陳氏
以居爲進士業年二十師事伊川程夫子先生應進士
舉答策問議誅元祐貴人先生曰噫尚可以干祿乎哉
不對而出告於程夫子曰吾不復應進士舉矣子曰子
有母在先生歸告其母母曰吾知汝以爲善養不知汝
以祿養於是先生遂不復就舉程夫子聞之曰賢哉母
也大觀中新學日興有言者曰程頤倡爲異端尹焞張
繹爲之左右先生遂不欲仕而聲聞益盛德益成同門
之士皆尊畏之程夫子曰我死而不失其正者尹氏子
也靖康元年朝廷初辨忠邪召用四方才德之士以布

衣召先生先生謝不用既徃又謝不欲朝大臣知不能留也授以和靜處士而歸明年金人陷洛陽先生之家死于賊先生既死而復蘇竄于長安山中轉徙四五年而長安陷劉豫僭位于京師思有以繫天下之望則使其僞師趙斌畀祠厚禮来召先生具供帳衞從于山中甚戚先生逃去夜徒步渡渭踰奚水谷中崎嶇走山門遂至閬中以之徃来巴中止于涪紹興五年有從臣言先生之道上召先生于涪曰昔者之召程頤盖自布衣除崇政殿說書遂以左宣教郎崇政殿說書召先生先生力辭十數上勑有可加禮敦遣不已六年先生辭官而赴召蜀之學者為先生立祠于涪七年二九江有言

者歟時程氏先生復辭曰學程氏者惇也生事之二十年
今又二十年矣請就斥朝廷恥之於是大臣顯言先生枉
劉豫之節學問之正上又思見先生召之愈急禮益至先
生辭避已數十迫上命布衣至行在所而病上賜之金帛
使天臣存問慰勞須其病愈必受命而後朝病愈先生朝
又辭於上前上曰卿尚可辭邪朕渴卿久矣知卿之從
伊川也俟卿以講學不敢以有它先生遂就職又除秘
書郎先生年六十七矣八年二月除秘書少監月餘以
病求去不許四月賜緋衣銀魚象笏與御府珍玩之物
先生益衰且病益求去改除直徽猷閣主管萬壽觀崇
政殿說書九月除太常少卿兼說書十一月除權禮部

侍郎兼侍講進官左通直郎而先生病日作不能朝告病甚於朝廷十二月除徽猷閣待制提舉萬壽觀兼侍講先生曰病不能朝矣而竊祿目至何功德以當之上章十餘不已朝廷哀其病且老九年二月使以待制提舉江州太平觀而去先生去之平江虎丘十年正月先生年七十曰七十而老尚矣遂致仕進官左奉議郎而從其請十二月先生如紹興居二年而沒年七十有二矣上命越制以賻之贈官四等先生娶張氏追封令人生子均仕爲將仕郎洛陽之陷與張令人皆死惟諸女存立孫鎮爲均子稽中聞之先生之學學聖人者也曰聖人必可以學而至也而不可以爲也玩味以索之踐

下以身之涵養以成之有叙于是乎下學上達窮理盡
性而無贅無外者學之正也故先生莊敬仁實不過甚
心不欺闇室有誠而明以之開物成務推而放諸四海
而準其於聖人六經之言耳順心得如出諸己見於容
貌聲音之間望之儼然也即之則温言則厲天下知道
者必宗之不知者必慕之小人見之必革面後有聖人
不易先生之道矣然而先生進不得施之天下退未嘗
筆之於書與羣弟子言皆六經發明問荅不爲講解文
書獨嘗奉詔撰論語解今行於世

遺事十條

和靖因蘇昞見伊川自後半年方得大學西銘看見祁

覺所錄尹和靖語下同

和靖言初見伊川時教焞看敬字焞請益伊川曰主一則是敬當時雖領此語然不若近時看得更親切寬問如何是主一願先生善喻和靖言敬有甚形影只收斂身心便是主一且如人到神祠中致敬時其心收斂更着不得豪髮事非主一而何

尹彥明與思叔同時師事伊川先生思叔以高識彥明以篤行俱爲先生所稱先生沒思叔亦病死彥明窮居教學未嘗少自貶屈常以先生敎人專以敬以直內爲本彥明獨能力行之彥明常言先生教人只是專令用敬以直內若用此理則百事不敢輕爲不敢妄作不愧

屢一兩年習之既久自然有所得也因說往年先生自涪陵歸日日見之一日因讀易至敬以直內處因問先生不習無不利時則更無睹當更無計較也邪先生深以為然且曰不易見得如此且更涵養不要輕說見呂氏雜誌

温州鮑若雨商霖與鄉人十輩久從伊川一日伊川遣之見和靖次日伊川曰諸人謂子靳學不以教渠果否先生曰焞以諸公未依先生之門受學焞豈敢輙為他說萬一有少差便不誤它一生伊川頷之見祈寬所錄學和靖語下同

和靖與思叔共學之久伊川問二子尋常見處同否有

差否自覺如何爲我言之和靜曰焞不遠思叔如凡請問未達三四請益尚有未得處久之乃得如思叔則先生纔說便點頭會意往往造妙只是焞雖愚鈍自保守得着思叔則焞未敢保也伊川笑曰也是也是自是每同請益退伊川必謂諸郎曰張秀才如此不待尹秀才肯得

子謂尹焞魯張繹俊俊恐他日過之魯者終有守也見程氏遺書下同

尹子張子見先生曰二子於頤之言如何尹子對曰聞先生之言言下領意焞不如繹能終守先生之學繹不如焞先生欣然曰各中其病

和靖曰昔與范元長同見伊川偶有幹先起堦伊川謂范曰君看尹彥明他時必有用於世元長次日說如此蓋伊川平日元不曾許人見祁寬所錄尹和靖語

靖康元年同知樞密院事耿師道奏伏見河南府布衣尹焞學專師古行足勵俗潛心允蹈踰三十年西都學者皆推仰之未嘗應書不求仕進若蒙召致俾預講說必有補益召至京師十月賜號和靖處士以歸戶部尚書孫傅御史中丞呂好問戶部侍郎邵溥中書舍人胡安國奏臣等伏覩河南府布衣尹焞學窮根本德備中和言動惟時皆可師法器識宏遠可以任大臣等淺陋不足以盡知然近來招延之士無有出其右者昨緣朝

拜特召河南敦迫赴闕伏聞命之處士以歸使焞韜藏國器不為時用夫副朝廷仄席求賢之意伏望聖慈特加識擢以慰士大夫之望尋以金人犯闕不及再見見辨僞集

和靜在瀘州一室名曰遂志齋取易致命遂志之義在涪陵縣所居名曰習堂取學而時習之之義在千福院一室名曰有齋取橫渠先生所謂言有教動有法晝有為宵有得息有養瞬有存之意一室名曰三畏齋取畏天命畏大人畏聖人之言之意見涪陵記善錄

紹興五年史館脩撰兼侍讀范冲奏伏覩和靜處士尹焞誠明之學實有淵源直方之行動合規矩靖康中朝

旨以布衣特起累加津遣既至京師懇辭還山賜處士
號建炎間焞逃竄山谷翟興為河南鎮撫使聞其名遣
使延聘焞亦不就今流落在蜀臣與之遊處三十餘年
得其為人內外淳備毫髮無玷實為鄉閭之所尊禮士
友之所矜式迹其所得於己表見於外臣無能髣髴舉
以代臣允愜公議六月十五日聖旨召赴行在仍令川
陝宣撫司以禮津遣宣撫司劄下涪州津遣知州事李
瞻申尹處士雖寓居本州千福院然獨處一室嘉遯養
浩志尚高潔邦人莫得而見恐非有司移文可致乞自
使司專委官一員依已得聖旨以禮津遣上赴朝廷舉
逸求賢興治美俗之意於宣撫司差官敦遣先生四狀

辭免不獲明年九月乃行先是伊川先生謫居於涪涪
人立祠於北巖先生避地偶亦居焉至是以文告辭曰
焞甲寅孟秋始居涪陵己卯孟冬誤辱召命繼下除書
實祠講事人微望輕敢紹前躅辭不獲命勉赴行在有
補於世則未有也不辱其門則有之今茲啓行惟先生
有以鑒之七年二月至江州以病少留四月上第八狀
云竊見臣寮上言程頤之學惑亂天下有為此學鼓扇
士類者皆屏絕之明詔天下焞實師程頤之學垂二十
年學之既專自信益篤自壯至老居之甚安使焞濫列
經帷其所敷繹僻陋之學亦不過聞於師者不惟無以發
明經旨又且仰惑聖聰焞雖甚愚豈敢偷一時之顯榮不

顧四方之公議捨其所學上欺君父加以疾病日增精
神衰耗決不能支持前進乞令自便訪藥求醫免令道
塗填委溝壑於是右相張公浚奏臣先備員川陝宣撫
處置使竊見和靜處士尹焞緣判臣劉豫父子迫以僞
命焞經涉大河投身山谷自長安徒步趍蜀崎嶇千餘
里乞食問路僅獲生全臣嘗延請至司與之款接觀其
所學所養誠有大過人者紹興甲寅春臣被命還朝蓋
嘗以焞之姓名達之天聽今陛下博采群議召置經筵
而焞辭免新命未聞就道伏望聖慈特降睿旨令江州
守臣疾速以禮敦遣五月二十九日奉聖旨依奏先生
又辭不得已九月乃至國門猶引前說力辭云列之經

筵陳說上側守其師法則亂聖聰趍時苟合則負素志此其所以被寵若驚進退失據者也至二十狀不允乃受命入對見雜儷集及涪陵記善錄

戊午八月二十九日講筵初開上問先生孟子謂紂一夫如何先生曰此止爲當時之君而言也時有進疑孟子說者上問程頤謂孟子如何先生曰程頤不敢疑孟子見祁寬所錄尹和靜語

尹彥明在經筵嘗從容說黃庭堅如此作詩不知要何用見呂氏雜志

紹興戊午先生上奏曰本朝戎虜之禍亘古未聞然頫祖宗德澤之厚陛下勤撫之至所以億兆之心翕然有[illegible]

異遠近愛戴國勢可保前年徽宗皇帝寧德皇后凶問遐來莫究不豫之狀天下之人痛心疾首而陛下方且屈意降心迎奉梓宮請問諱日為事遂使虜意益驕謂我無人乃再啓和議於今日意欲潛圖混一臣妾中國陛下十二年勤撫之功當決於此矣況先王之禮父母之讎不與共戴天兄弟之讐不反兵今信仇敵之詐謀而覬其肯和以紓目前之急豈不失不共戴天反兵之義乎臣竊為陛下痛惜之更願深謀熟慮採衆論以全大計則天下幸甚又與宰相秦檜書曰虜人與我有不共戴天之讎靖康以來屢墮其術今若一屈使為口實要怨誨兵自困自斃豈忍為此議乎比者竊聞主上以

父兄未返降志辱身於九重之中有年矣然亦未聞虜人悔禍還二帝於沙漠繼之梓宮崩問不祥天下之人痛恨切骨則虜人虎狼貪噬之性不言可見天下方將以此望於相公覬有以革其已然豈意為之已甚乎今之上策莫如自治自治之要內則進君子而遠小人外則賞當功而罰當罪使主上之孝弟通於神明主上之道德成於安強勿以小智孑義而圖大功不勝幸甚復有辭免待制第三狀云臣每念誤受寵榮蔑聞補報比嘗不量分守輒及國事識見迂陋已驗于今跡其愚庸豈堪時用第四狀又言之乃得外祠見戊午讜議及難儼集

先生卒門人呂堅中以文致祭其略曰恭惟善誘循循
不倦得沉若酣培殖閎見曰敬以直内是乃持守維窮維
稽理則昭剖由是致知上達誠明知而罔覺匪致之精
養不以厚行不以力雖曰有見乃德之賊厚養力行必
踐必久勝己之私馴以固有略則易訐拘則易窮才意
所惻鮮克有終喜怒哀樂聖愚同然發欲中節時然後
言猗與吾道易簡以求如霽則行如潦則休或謂無心
先生曰否何以知覺惟私是醜或謂勿思先生曰豈我
亦有思思無邪爾先生之言測遠窮深其未傳者匪言
實心嗚呼哀哉

伊洛淵源錄卷第十一

伊洛淵源錄卷第十二

張思叔名繹嘗記伊川言行一編亦名師說所著詩
文甚多今存數篇

遺事三條

張思叔河南壽安人家甚微年長未知讀書爲人傭作
一日見縣官出入傳呼道路思叔頗羡慕之問人何以
得如此或告之曰此讀書所致耳思叔始發憤從人授
學執勞苦之役教者憐其志頗勸勉之後頗能文入縣學
府學被薦以科舉之學不足爲也因至僧寺見道楷禪
師悅其道有祝髮從之之意時周恭叔行已官洛中思
叔亦從之恭叔謂之曰子它日程先生歸可從之學無

爲空祝髮也及伊川先生歸自涪陵思叔始見先生時從學者甚衆先生獨許思叔因讀孟子志士不忘在溝壑勇士不忘喪其元始有自得處後更窮理造微少能及之者矣見呂氏雜志又童蒙訓云思叔因讀孟子志士不忘在溝壑勇士不忘喪其元慨然有得蓋能守此則無不可爲之事

和靜言焞與思叔既相友善伊川歸自涪陵思叔始見先生思叔頗悟疏通先生亦便喜之自此同遊處先生以族女妻之甚相敬待家居壽安學者從之漸衆和靜嘗因侍坐稟伊川曰張繹每聞先生語往往言下解悟焞聞先生語須再三尋思或更請問然後解悟然它日持守

[illegible][illegible]不及焞先生以為然思叔長於為文又善[illegible]
[illegible][illegible]沒未幾思叔亦沒和靖被召嘗曰思叔若在到今
自當召用必能有為於世伊川嘗言晚得二士見涪陵
先善錄
[illegible]繹思叔三十歲方見伊川後伊川一年卒初以文聞
[illegible]鄉曲後來作文字甚少伊川每云張繹朴茂見祁寬
錄尹和靖語

馬殿院

述士狀　　何兌

公諱伸字時中朱語錄或作時仲或作時舉恐亦當兼
行東平人也自弱冠登第不樂馳騖以階進騁迹州縣

人無知者崇寧初元祐學術禁錮入用事出其黨爲諸路學使專糾其事伊川程先生之門學者無幾雖宿素從遊間以趨利叛去公方自吏部求爲西京司法曹事毅然爲親依之計至則因先生高弟張繹以求見先生先生以非其時恐貽公累公執贄凡十反愈恭且曰使伸得聞道雖死何憾況不至於死者乎先生聞而嘆曰與真有志者遂引而進之自爾出入凡三年公賤避風雨必日一造焉同僚相忌至以飛語中傷之不顧也逮靖康初政樞密孫傅始以卓行薦于朝召既至中丞秦檜素高其節即迎辟爲監察御史一令人取願狀公曰中丞取臺官但問堪不堪無問願不願居無何遭大變以敵薄

人立張邦昌俾備于位邦昌以不敢當而賊所從旁勸之曰相公今姑權宜從事忍死為一城生靈贖命它日歸周公為于莽惟相公所為耳邦昌于是俛首唯唯即趣虜帳受偽號即虜人去滋若八邦昌恬無自孫意時人皆意邦昌實預邪謀畏禍無敢言者公首具書請邦昌迎元帥康王書成率同院簽[illegible]俱徃相顧無一肯公遂以書自抵銀臺司進之吏視書不稱臣辭不受公投袂叱曰逆類吾今日不愛一死正為此耳而欲吾稱臣邪出即以繳申尚書省尚書省以示邦昌邦昌得書氣沮恐敗誅甫議迎隆祐皇后為垂簾計其書大略曰相公閣下服事累朝為宋寶臣比者不幸迫於狂虜使當

為號非常之事閤下此時豈以義為可犯君為可忘宗社神靈為可欺所以忍死須臾而詭聽之者其心若曰與其虛孫於人而實亡趙氏之宗者孰若虛受於己而實存趙以歸耳是得春秋祭仲行權之旨而不苟辭其名故天下戶知之而無一人以相公為非也虜人既北相公於義即合變權自列於朝上皇子惟康王在外天下所繫國統有歸宜即發使通問掃清宮室率群臣共迎而立之閤下退就北面之列然後從而引咎以明身為人臣昧於防患不幸為寇讎脅汙當時不能即死以待陛下今事既定夫復何面事君請歸死有司以為人臣失節之戒退伏闕下以俟命如此則明王必能照察

以閣下忠實存國義不苟生棄過錄勞而身名俱榮矣今乃謀不出此時日以多肆然尚當非據偃寢禁闥若固有之群心狐疑不知所謂上天難欺下民可畏成敗之際間不容髮閣下若以愚言粗有覺悟伏望亟圖猶可轉禍為福於匪朝伊夕之間此伸所以不敢自外且效愚職分於朝廷過此以往則閣下包藏既深志慮必異外假設飾事端偈日待期而實陰結寇讎合從為亂九廟在天雖萬無成理然伸亦靦生不汙與叛逆同朝請先伏死都市以明此心既而戶部侍郎王及之言於邦昌以上皇寧德宮府藏所有及池塘魚藕之利可盡取以資國用公復慨然引義白於都堂曰古者人臣去

國其君待之猶三年然後收其田里君之禮臣猶若此則臣之報君宜如何今吾君遠狩猶未出疆天下之人方且北首擬欲追挽而不可得君之府藏燕遊忽一朝而毀乎此與削迹何異竊不可許邦昌不德今上龍飛公屢拜章以城陷不能救主遷不能死請從竄削上知其忠且有功於國遂擢爲殿中侍御史荆湖廣南撫諭以誅邦昌及其黨王時雍還臺言執政黄潛善汪伯彥不法差七事不報嗣上章以臣言可采即乞施行非是臣合坐誣罔大臣之罪移病待命旬日貶濮州監酒稅時用事者恚甚必欲寘之死地以濮迫冦境故有是命有識者爲朝廷惜其去至戚嗟相吊且爲公危之公以

[illegible]被就道無憂懼之色人益嘆服公天資重厚[illegible]
為義而恥以釣名凡所建明輙削其槀故人少[illegible]
幸卒為伉陷於死公之死不得其詳或云時王淵[illegible]
上受潛善等密旨加不利於公
天下知與不知莫不痛之未幾廣陵不守果如公言紹
興初乃追贈諫議大夫公居常稱曰志士不忘在溝壑
勇士不忘喪其元今日何時溝壑乃吾死所也故其臨
事奮不顧身每如此姑掇其大者以補國史之缺謹狀

先君紹興初作此文携以呈故丞相李公李公
許以達朝廷未及而薨紹興癸酉倅辰陽忽見
邸報宰相秦檜自陳其靖康之功謂他人無預

焉先君遂以此文繳申尚書省大激檜怒送荊南詔獄令自引虛獄辭皆出吏手先君不得預也奏上又以情重法輕特制官貶真陽未幾檜死蒙恩東歸繼復舊物而病不起矣嗚呼痛哉

秦檜靖康末為中丞於虜人帳前乞立趙氏其謀議皆出於先生及察院　吳給敦仁敦仁為草劄子檜忌人分功深諱其事及見逸七狀恐先君知而揚之故忿嫉至死辛巳仲冬十八男鎬謹書

續記

先生調官未嘗擇遠近利害到部但視資歷入者即注

[illegible]家東平乃授成都郫縣丞尚在選調至任未幾會
冬秉成都浩穰守以委先生先生辭以多弊不可為守
問其故先生曰弊之大者由諸司吏人封抄拒之則速
禍守曰君既知其弊尚何辭先生至塲中則諸邑人紛
然矣豐歛食玩好文飾美女凡可以蠱詸者無所不至
前此主者不能自謹一墮計中則束手受制莫敢誰何
先生盡逐之嚴察吏卒不容纖芥負米至者略無留滯
於是蜀人稱詠萬口一辭時提舉常平孫侯按部至成
都境上早行見負擔者假寐道傍以待曉怪而問之俱
應曰今年好受納官某等至無邀阻故爭先詣其主名
曰馬縣丞也孫歎息不已抵郡即呼吏書牒薦之即日

改秩先生嘗以此語人云人之利鈍自有時但當行直道無用干人也

先生為奉符丞攝令事方歲歉而朝廷行茶引先生拒之曰民方救死不贍豈可重困之太守怒曰朝命安可抗先生曰伸為令誠不忍見民轉溝壑守曰須先劾爾事乃可行民聞先生被劾爭赴愬諸司或徑達臺省事遂解又嘗掌市易倅以百緡令售之先生辭以直高倅強之先生曰伸不敢以詐估官直須伸去乃可欲尋醫倅懼而止

先生在奉符孫傳伯野在西掖慕洛學遣其子見先生求二程先生語錄先生曰此書今非其時未敢遽傳其人

子岡請先生曰第歸尊公若果有志無憚再來既還以告伯野曰吾志欲求道遑恤它乎遂令復至先生乃授之且謂曰尊公既得此書不得久於朝廷未幾果以繳高麗祠頭罷

先生出使過州縣必察民利病餽遺一無所受初至清湘所在民羣聚遮馬首投狀乞留其宰問其善政皆曰不知其它但知知知縣到後未嘗有吏下鄉先生即日以舉牒付民使以遺令衆歡然乃去令姓張失其名至番禺問諸司以屬吏之賢者同薦一節度推官姓黃曰方陳述生毅自任官吏無不畏附惟此人敢與之辨曲直巽遣虎口乃舉之還至舒州從人就縣索夫馬其令不

應直至前曰殿院所合得不敢不供從人分外需索實不能應先生延之坐且謝之既而謂人曰某以臺官過州縣一令乃敢拒之是必有氣局者還朝首薦之令姓周

先生晨興必整衣冠端坐讀中庸一過然後出視事先生曰吾志在行道使吾以富貴為心則為富貴所累使吾以妻子為念則為妻子所累是道不可行也故其在廣陵隨身行李一檐而圖書半之山東已擾而家屬尚留東平

先生自湖廣還將入奏於道中採訪得執政不法事作彈文方具藁而先君追及於建康先生喜曰吾有事與

自不能自決望子久矣因出槀相示且曰吾欲首言之先君曰先生方以使還且當奏職事徐論似未晚先生曰彼忌我若未及言而有遷除柰何然吾當有以探之是時方召孫覿謝克家乃言此二人皆小人不可用如覿親草降表極其筆力以媚虜人受其二女乃負國之賊也畀不報遂除司農卿先生固辭乃繳進彈文時執政怒甚搜求無以為罪乃指彈文中言部成章上書事成章中官也以為趨向不正遂貶公

遺事三條

崇寧間言者范致虛攻先生為元祐邪說朝廷下河南府盡逐學徒後數月馬伸及門求見先生辭之伸欲先

棄官而來先生曰近日盡逐學徒恐非公仕進所利公能棄官則官不必棄也建炎間仲爲御史論事公論與之見程氏遺書

靖康二年四月八日監察御史馬伸狀伏見逆胡犯順劫二帝北行且逼立太宰相公使主國事相公所以忍死就位者自信虜退必能復辟也忠臣義士不即就死城中之人不即生變者亦以相公必立趙孤也今虜退多日吾君之子已知所在詔獄謳歌又皆歸往相公尚處禁中不反初服未就臣列道路傳言以謂相公外挾彊虜之威使人遊說康王且令南適然後據有中原爲久假不歸之計伸知相公必無是心但謂虜人未遠因

大能盡改雖然如此亦大不便盖人心未寧一旦嘗
□雖有忠義之志相公必不能自明滿城生靈反遭塗
炭辜負相公初心矣伏望相公速行改正易服歸省庶事
取稟太后命令而後行仍速迎奉康王歸京日下開門
撫勞四方勤王之師以示無間應內外赦書施行恩惠
收人心等事權行拘收僞立趙氏子日然後施行庶幾
中外釋疑轉禍為福伊周再作無以復加如以伸言為
不然即先次就戮伸有死而已必不敢輔相公為宋朝
叛臣也謹具申太宰相公伏候鈞旨申時奉鈞旨一切
改正九日追僞赦不行邦昌召侍從官議事晚降手書
請元祐皇后垂簾決政邦昌行太宰事中外大悅追回

諸路赦文并收初四日立宋太后手書不用遣馮澥李
回為奉迎使副見汪藻所編實錄草本
胡文定公時政論曰馬伸言黃潛善汪伯彥措置乖方
自言官黜為監當而其言則有狀矣不慎命令則以下
還都之詔也廣布私恩則以復祠官教官之闕也黜陟
不公則以罷衛膚敏而用孫覿不祥之人也杜塞言路
則以貶吳給張閎邵成章也妨功害能則以沮宗澤與
許景衡也私收軍情則以各置親兵千人請給獨優厚
也同惡相濟則以力庇罪人王安中也凡舉一事必立
一說皆衆所共知亦衆所共見不敢以無為有亦不敢
以是為非而當時不信其言而罪之反以為言事不實

而重責之是罰沮忠讜指軀為國之人惡其毀譽之核實而不亂也邪說何由息公道何由行乎伸既遠貶雖有詔命不聞來期君子憫焉此雖貴以龍閣未盡褒勸之禮乞加追獎及其子孫以承天意見胡文定公集

侯師聖名仲良河東人二先生舅氏華陰先生無可之孫有論語說及雜言一編皆出衡山胡氏其為人梗槩亦見胡文定公行狀

遺事三條

人有欲館侯子於其門者侯子造焉則壁盡佛像凡積佛書其家人又常齋素欲侯子從之侯子遂行或問之侯子曰蔬食士之常分若食彼之食則非矣吾聞用夏

變夷未聞變於夷者也人有父在而身爲祖母忌日飯僧者召侯子侯子不往或問之侯子曰主祭祀者其父也而子當之則無父矣吾何往焉見侯子雅言

胡文定公與楊大諫書云侯仲良者去春自荆門潰卒甲馬之中脫身相就於漳水之濱今已兩年其安於羈苦守節不移固所未有至於講論經術則通貫不窮商略時事則纖微皆察國勢安危民情休戚凡務之切於今者莫不留意而皆曉也方危艱難之時而使此輩人老身負賤亦可慨矣伏望吾兄力薦於朝俾命以官使得效一職亦不至無補見胡文定公集

尹子曰[illegible]論只好[illegible]

或曰江陵有侯師聖者初從伊川未悟乃策杖訪濂溪濂溪留之對榻夜談越三日自謂有得如見天之廣大伊川亦訝其不凡曰非從濂溪來耶師聖後遊荊門胡文定留與為鄰終焉愚案侯子非荊人據諸書所載但知前數條而胡公行狀亦止云熟觀二先生之言行不言其見濂溪也濂溪卒於熙寧六年而侯子靖康建炎之間尚在其題上蔡謝公手帖猶云顥道雖與予為同門友然視予為後生則其年輩不與濂溪相接明矣且其言自謂有得如見天之廣大者亦與侯子平日之言不相似凡若此類學者

詳之

王著作墓誌略

章憲

福清王先生程門高第諱蘋字信伯世居福之福清自其考徙平江先生資禀清粹充養純固平居恂恂儒者及語當世之務民俗利病若習於從政者然不徼名當世世亦罕知之知府事孫公祐列先生學行於朝召見賜進士出身除秘書省正字先生為上言曰人心廣大無垠萬善皆備盛德大業由此而成故欲傳堯舜禹湯文武之道擴充是心焉爾帝王之學與儒士異尚儒生之事章句文義帝王務得其要措之事業蓋聖人經世

大法備在方冊苟得其要舉而行之無難也未幾兼史館校勘遷著作郎丐外補通判常州主管台州崇道觀致仕官至左朝奉郎壽七十有二紹興二十三年五月戊午疾終于里第葬于湖州長興縣和平鎮茅栗山楊文靖公時程門先進嘗曰同門後來成就莫踰吾信伯中書舍人朱公震寶文閣直學士胡公安國徽猷閣待制尹公焞皆舉以自代胡公論薦尤力謂其學有師承識通世務使司獻納必有補於聖時

伊洛淵源錄卷第十二

胡文定公

行狀略

公諱安國字康侯建州崇安人父淵故宣義郎致仕贈中大夫毋吴氏故永壽縣君贈令人公生於熈寧甲寅九月二十二日已時年七歲爲小詩有自任以文章道德之句少長入太學晝夜刻勵同舍有潁昌靳裁之嘗聞西洛程先生之學獨竒重公與論經史大義公以是學問益強識致日明文辭迥出流輩博士欲令諸職長各呈其文課將攷優劣而去留之皆爭先自送公獨繳遜差帖願退就諸生之列中紹聖四年登進士第時策

問大要欲復熙豐之政公推言大學格物致知正心誠意以平天下之道詞幾萬言考官得之定為第一將唱名宰執以策中無詆元祐語欲降其等哲宗命再讀諦聽逾時稱善者數四親擢公為第三除荊南教授正身律物非休沐者不出凡所訓說務明忠孝之大端不以文藝為勸除大學錄學生劉觀石公揆輕俊有名試選屢居上游一旦觀為人代筆事覺公揆薄遊成訟逾告期不歸為之游說者甚衆公正色曰錄以行規矩為職職不能守奚以錄為且二人者果佳士而所為如此亦何足恤衆不能奪竟致之法遷博士除提舉湖北路學事公言曰學校所以成就人材非治之也今法令具矣

當使學者於規矩之外有所畏而不為謹案聖門設科
成周貢士皆以德行為先文藝為下臣當以此仰奉明
詔改使湖南是時蔡京方得志所行事既不善而官吏
奉承過當愈為民害學校其一也公獨撙節行之禁其
太甚士子持法自肆者懲之常曰韓魏公最善行新法
者也所至訪求人材詢問利病禮下賢士剌舉必由公
論風采嚴肅郡縣敬畏不敢犯會有詔旨委諸道提舉
學官論舉遺逸公以永州布衣王繪鄧璋應詔蔡京
已惡公不為已用於是屬吏李良輔徑訴於朝稱二人
者范純仁之客而鄒浩所請託也京大怒改良輔合入
官命湖南提刑司置獄推治人皆為公膽落帥曾公孝

廣來唁公退謂僚佐曰胡提舉凝然不動賢於人遠矣獄未成移北路再鞫之訖不得請託之狀直除公名勒停公退居荊門漳水之上定省之外以經籍自娛家人皆忘其貧而親心適焉既而良輔以他罪發覺臺臣乃辨明前事有旨復公官改正元斷然公仕意益薄矣政和元年張商英相除公成都府路學事公以親年寖高即上章乞侍養得請踰二年未能朝參丁令人憂服除政和八年矣余深入相薦名士十人公與其一有旨召對公至京師卧疾不出百餘日逡巡謁告而歸宣和元年除提舉江東路學事復召上殿未受命而中大捐館舍中大嘗欲公及時建功立業而毋令人又每以進取

[illegible]戒公處其間委曲將順既不失令人之本心又不拂[illegible]
大之嚴訓終喪謂子弟曰吾舊迹寒鄉為親而仕今雖
有萬鍾之祿將何所施遂稱疾掛冠買田塋旁築室勸
耕將終身焉宣和末侍臣李彌大吳敏譚世勣合章薦
公經學可用齒髮未衰特落致仕除尚書屯田員外郎
公來謝且辭靖康元年除太常少卿再除起居郎三辭
不允乃至京師方以疾在告一日午枕淵聖急召坐後
殿以俟公即入見奏曰臣聞明君以務學為急聖學以
正心為要心者事物之宗正心者揆事宰物之權也陛
下昔在東宮潛德韜晦其於六經所載帝王制世御俗
之大略必有所避而不欲聞官屬之司勸講者必有所

隱而未及陳今正位宸極日月向久而續效未見則於古訓不可不考若無分章析句章制文義無益於心術者非帝王之學也願擇名儒明於治國平天下之本者虛懷訪問以濬發獨智則天下之幸臣又聞爲天下國家者必有一定不可易之計謀議既定君臣固守雖浮言異說沮毀搖動而初計不移故有志必成治功可立陛下南面而朝天下越半年矣而紀綱尚紊風俗益衰施置乖方舉動煩擾大臣爭競而朋黨之患萌百執竊觀而浸潤之姦作用人失當而名器愈輕出令數更而士民不信若不掃除舊迹乘勢更張竊恐姦雄不忌夷狄肆行大勢一傾不可復正望詔大臣詢以脩政事擇

[illegible]之方令各盡底蘊畫一具進先宣示臺諫仍集[illegible]
[illegible]議於朝堂衆謀僉同然後斷自宸衷按為國論須諸
中外以次施行庶幾新政有經可冀中興之效除中書
舍人時門下侍郎耿南仲倚攀附之舊凡大小之臣與
己不同者即指為朋黨見公論學術之奏愠懟形於詞
色乃言於淵聖曰安國往者不事上皇今又不事陛下
此可謂不臣矣淵聖不納一日問中丞許翰識安國否
翰對曰臣雖未識其面然聞其名久矣自蔡京得政以
來天下士夫無不入其籠絡超然遠迹不為蔡氏所汙
惟安國一人耳淵聖嗟異焉南仲知淵聖意不可回乃
諷臺諫摘角論公稽慢不恭宜從黜削淵聖終不許中

書侍郎何㮚建議分置四道都總管公上奏曰內外之勢適平則安偏重則危今州郡太輕理宜通變然一旦遽以數百州之地分為四道則權復太重儻令萬一抗衡跋扈號召不至又何以待之乎若但委諸路帥臣專治軍旅每歲一案察其部內或有警急京城戒嚴即各率所屬守將應援如此則既有擁衛京師之勢又無尾大不掉之虞一舉而兩得矣㮚方得淵聖心密說以京師不可守則出幸山南可以入蜀而其意蓋自欲當南道之任又以於公嘗有推挽之力必無駁異及此奏上大駭謂人曰康侯人物之表乃專以異議為高古人謂山林之士不可用今信然然猶不得已於四總管之地各

制其遠外州郡而已于後京師被圍西道王襄領所部
兵翱翔漢上不復北顧大略如公所策云吏部侍郎馮
澥言劉珏行李綱貢詞實乃為綱游說珏坐貶公言侍
從之臣雖當獻納至於彈擊官邪必歸風憲各有分守
不得侵紊而澥越職妄言上瀆宸聽非所以靖朝著也
陛下聖度寬明無私好惡廣開公正之路而澥無故復
指黨與未殄議論未一宜察姦罔早加懲戒夫欲殄黨
與一議論此蔡京行於崇寧脇制異己而遂其跋扈之
謀者何忍更遵用之使群臣益分門戶迭相排擊置國
勢於傾危乎陛下即位數降詔旨追復祖宗善政良法
而澥獨建言祖宗未必全是熙寧未必全非推隆王氏

之學再挾紹述之議國論至今紛紛未定則辯之故也於是耿南仲大怒宰相唐恪何㮚從而擠之遂除右文殿脩撰知通州行至襄陽而虜騎已薄都城矣公在省一月告假之日居其半每出必有論列或謂公曰事之小者盍姑置之公曰大事皆起於細微今以小事為不必論至於大事又不敢論是無時可言也虜圍益急淵聖命召公及許景衡旨竟不達今上登極召公為給事中公辭避未行而痛憤夷狄侵陵心在王室蓋有趣命之意而黃潛善方得政專權妄作斥逐忠賢於心意益戾公因於免奏有言曰陛下撥亂反正將建中興政事人材弛張升黜凡關出納動係安危聞之道塗揆以

所見尚多未合儻或隱情用緘默即有負陛下委任之恩若
一一行其職守必以顛思妄發干犯典刑徒玷清時無
補國事潛善惡之諷給事中康執權彈擊遂罷除命建
炎二年樞密使張浚薦公可大用再以給事中召命州
郡以禮敦遣于寓時修起居注上賜之手札曰卿久未
到可喻朕旨催促前來以副延佇之意公以建康東南
都會上既在是而眷待如此慨然欲入朝行次池州聞
幸吳越遂具奏引疾而丐除提舉臨安府洞霄宮紹興
元年除中書舍人兼侍講再辭不允遂行以時政論二
十一篇先獻于上復除給事中上以左氏傳付公點句
正音公奏曰春秋乃仲尼親筆實經世大典義精理奧尤

難窺測今方思濟艱難豈於理戎禦侮之際虛費光陰耽味文采而已乎陛下必欲削平僭暴恢復寶圖使亂臣賊子懼而不作莫若儲心仲尼之經則南面之術盡在是矣除兼侍講專以春秋進講公以學未卒業乞在外編集庶幾成書可備乙覽未允會除故相朱勝非同都督江淮荆浙諸軍事公上奏曰勝非當黄潛善汪伯彥秉鈞之時同在政府緘默傅會循致渡江南狩之初又下詔令尊用張邦昌結好金國許其子孫皆得錄用淪滅三綱乃至於此天下憤鬱皆不能平及正位冢司苗劉肆逆勝非不能死生以之偷合茍容不顧君父訟江都督用人得失係國安危恐勝非不足倚仗詔勝非

除侍讀召赴行在命門下檢正黃龜年書行上去
日內臣愚陋致朝廷侵紊官制既失其職當去甚明且
公羊氏以祭仲廢君為行權先儒力排其說蓋權宜廢
置非所施於君父春秋大法尤謹於此臣方以春秋進
讀而與勝非為列有違經訓縱臣無恥公論謂何是時
左相呂頤浩都督江上還朝欲傾右相秦檜未得其乃
逼姑蘇太守席益知其意謂之曰目為朋黨可矣然黨
上在鎖闥嘗先去之頤浩大喜力引勝非為助而據公
擬進責命曰安國屢召偃蹇不至今始造朝又數有
豈不以時方艱難不肯致身盡瘁乃欲求微罪而去
其自為謀則善矣百官象之又如國計何遂落職提舉

建昌軍仙都觀實八月二十一日也是夕彗出東南檜
三上章乞留公不報即解相印去位侍御史江躋上疏
極言勝非不可用安國不當責右司諫吳表臣上疏言
安國扶疾造朝亦欲行其所學今無故罷去恐非所以
示天下也奏皆寢顧浩即擬黜給事中程瑀起居舍人
張燾及躋表臣等二十餘人云以應天變除崔鶠希新之
意章省為之一空勝非遂相公登舟稍泝流三日而後
行次衢梁訪醫留再旬至豐城寓居又半年乃渡江而
符于衡嶽之下為終焉計買地誅茅結屋數間名之曰
書堂頹然當世之念矣初王荊公盡屏先儒以為
獨用已意著三經新說解析字畫偏旁謂之道

[illegible]見遺書下同
[illegible]見先生々愛[illegible]身当为辭西臺之命[illegible]附
[illegible]朝廷處先生[illegible]先生曰且如山陵事苟得學
[illegible]錄永安尉可也
先生嘗說頤於易傳[illegible]自成書但逐旋修改期以
七十其書可出韓[illegible]明不及於前時道德日頹
於初心信然願[illegible]所改無幾不知如何故且
更期之以[illegible]之書待劉絢文字到
却用功[illegible]全無意思此却待出些文
字中庸書却[illegible]深耕易耨播種五
穀吾得而食之今[illegible]吾得而用之甲

胄之士被堅執銳以[illegible]而去之卻如此關過
方命小奴取書[illegible]示門弟子非所請
不敢多闕門弟子[illegible]一日一字之疑先生必
爾三喻之蓋其潛心[illegible]合易下一字見呂堅中
所錄丑和靖語
先生云吾四十以前讀[illegible]研究其義六十以
前反覆紬繹六十以後[illegible]不得已見遺書下同
先生謂張繹曰吾之[illegible]而浸盛四十五十而
後完今生七十二年校其筋骨於戊年無損也繹因請
曰先生豈以受氣之薄而厚為保生邪先生默然曰吾
以忘生徇欲為深恥

叩其辭否且問其所集何客所論何事有益無益以
是爲常主子有自遠來學者公隨其資性而接之大抵
以立志爲先忠信爲本以致知爲窮理之漸以敬爲持養
之要每誦曾子之言曰君子之愛人也以德小人之愛
人也以姑息故不以辭色假借子弟及學者亦未嘗降
志孫言苟爲唯諾以祈人之悅也壯年嘗觀釋氏書後
遂屏絕嘗答穎川曾幾書曰窮理盡性乃聖門事業物
物而察知之始也一以貫之知之至也來書以五典四
端每事充擴亦未免物物致察非一以貫之之要是殆
不舉足而登泰山也四端固有非外鑠五典天叙不容
達充四端惇五典則性成而倫盡矣釋氏雖有了心之

說然知其未了者為其不先窮理反以理為障而於用
處不復究竟也故其說流遁莫可致詰接物應事顛倒
差繆不堪點檢聖門之學則以致知為始窮理為要知
至理得不逆本心如日方中萬象畢見則不疑所行而
內外合也故自修身至於天下國家無所處而不當矣
來書又謂充良知良能而至於盡與宗門要妙兩不相
妨何必舍彼而取此夫良知良能愛親敬長之本心也
儒者則擴而充之達於天下釋氏則以為前塵為妄想
批根拔本而殄滅之正相反也而以為不相妨何哉公
於出處由道據義以心之所安為主其欲出也非由勸
勉其欲去也不可挽留朱震被召以出人問公公曰世

間性講學論政則當　切切詢究至於行己大致去就
與之幾如人飲食其飢飽寒溫必自斟酌不可決之於
人亦非人所能決也公之國出處自崇寧以來皆自斷於
心雖定夫顯道諸丈人行皆不以此謀之也定夫者游
察院酢也顯道者謝學士良佐也與楊時中立皆二程
先生之高弟公不及二程之門而三君子皆以斯文之
任期公謝公嘗語朱震曰胡康侯正如大冬嚴雪百草
萎死而松柏挺然獨秀也使其困厄如此乃天將降大
任焉耳公尚論古人則以諸葛武侯為首於本朝御相
則以韓忠獻公為冠慕用之往言必稱之性本剛急及
其老也氣宇粹溫儀貌雍穆於和樂中有毅然不可犯

之象於嚴正中有薰然可親近之意年浸高矣加以疾病而謹飭於禮無異平時每歲釀酒一斛以備家廟薦饗之用造麴蘖治秫米潔器用節齋量無不親之於其祭也必沐浴盛服率子孫諸婦各執其事方饗則歔已祭必哀齊濟促促如祖考之臨之也雖在離亂遷次居處衣食或有不給而奉先之禮未嘗或闕由少至老食不兼味深居不挨燕膳羞不可致子孫或請稍近城郭公曰死生有命豈以口體之故移不貲之軀哉家世至貧轉徙流寓遂至空乏然貪之一字於親故間非惟口所不道蓋亦手足所不著嘗戒子弟曰對人言貧者其意將何求汝曹志之凡財利假貸劑約必明期日必信

無少差忒自登第逮休致凡四十年其在寶歷之日不登六載雖數以罪去而愛君之心遠而愈篤每被召即置家事不問或通夕不寢思所以告吾君者然宦情如寄所好不在焉二程門人侯仲良久居三川多識賢公卿士大夫之所為而熟觀兩先生之德行又嘗周流天下泛求人物鮮有可其意者後至漳濱公館留之踰年仲良潛察公心意於言笑動止之間不覺歎服語人曰視不義富貴如浮雲者當今天下惟公一人耳初娶李氏繼室王氏皆贈令人子三人寅左奉議郎試尚書禮部侍郎兼侍講寧將仕郎宏右承務郎女適右迪功郎向沈孫大原大正葬于潭州湘潭縣龍穴山禮官議以

道德博聞純行不差謚公爲文定

伊洛淵源錄卷第十三

伊洛淵源錄卷第十四

程氏門人無記述文字者

王端明

名巖叟字彦霖大名人元祐中爲臺諫官登政府正直不撓當世稱之墓碑本傳記其行事甚詳然不及其學問淵流也惟遺書百篇有其答問而其集中亦有記先生語數條又祭明道文有闢道於先生之語及伊川造朝亦有兩䟽推挽甚力盖知尊先生者然恐其未必在弟子之列也

劉承議

名立之字宗禮河間人敘述明道先生事者其父與二先生有舊宗禮早孤數歲即養於先生家娶先生叔父朝奉之女鄭雍稱其登門最早精於吏事云

林大節

不詳其鄉里名字行實但遺書云林大節雖差魯然所問便能躬行然則亦篤實之士也

張閎中

不詳其名字有答書見文集

馮聖先

名理汝州人陳恬叔易為作誌文尹公再題其

後其子忠恕從尹公學涪陵記善録者也誌跋
皆見録中外書又載尹公之言先生門人馮理
字聖先自號東皐居士曰二十年聞先生教誨
今有一奇特事先生問之理曰夜間燕坐室中
有光先生曰頗亦有一奇特事理請問之先生
曰每食必飽

鮑商霖

名若雨永嘉人有答問數條及録伊川語一卷
今見文集遺書

周伯忱

名孚先毗陵人與其弟恭先伯温同受學有語

錄及答問各數章今見書集伯恍嘗爲臨安教官其家有伊川帖數紙其一亦和叔問先生謂二周與楊時似同恕恐二周未可望楊時如何先生答二周孚先兄弟氣質純明可以入道願每勸楊時勿好着書好着書則多言多言則害道學者要當察此

唐彥思

名棣宜興人有語錄一卷見遺書

謝用休

名天申

潘子文

名叟

陳貴一

名經正與其弟經邦貴叙同受學四君皆永嘉人名見唐録

李真仲

名處遯洛人亦見唐録後為中書舍人溺死維楊

孟敦

名厚洛人祁寛記尹和靖語云孟敦夫來從伊川又為王氏學科業特精獨處一室糞穢不治嘗獻書於伊川伊川云孟厚初時說得也似其後

須沒事生事一日語之曰子何不見尹焞張繹朋友間最好講學然三公皆同齒也敦夫見和靖曰先生令厚來見二公若彥明所領見如思叔莫不消見否和靖曰只不消見思叔之心便是不消見焞之心也伊川嘗謂學者曰孟厚不治一室亦何益學不在此假使洒掃得潔淨莫更快人意否然伊川之葬門人畏黨禍莫敢至獨敦夫與尹張范栻鄧溥送焉

范文甫

暢中伯

三人不詳其名見楊遵道錄

李先之

名朴贛上人爲西京學官因受學焉呂氏雜誌云李先之周恭叔皆從程先生學問而學蘇公文詞以文之世多譏之者

暢潛道

名大隱洛人遺書第二十五卷即其所記也遺書云暢大隱許多時學乃方學禪是於此蓋未有得也

郭立之

名忠孝宣徽使逵之子事見伊川年譜祁寬記尹和靜語云忠孝每見伊川問論語伊川皆不

答一日語之曰子從事於此多以持所問皆大且須切問近思外書云郭忠孝議易傳序曰易師道也又從何道或以問伊川伊川曰人隨時變易為何為從遺道也今觀忠孝所著易書專論互體卦變與易傳殊不同然其子雍辨年譜所記事甚詳未知孰是

周恭叔

名行己永嘉人遺書第十七卷或云乃其所記也祁寬記和靜語云恭叔自太學蚤年登科未三十見伊川持身嚴苦塊坐一室未嘗窺牖幼議母黨之女登科後其女雙瞽遂娶焉愛過常

人伊川曰顧未三十時亦做不得此事然其進
銳者其退速每歎惜之嘗酒席有所屬意既而
密告人曰勿令尹彥明知又曰知又何妨此不
害義理伊川歸和靖偶及之伊川云此禽獸不
若也豈得不害義理又曰父母遺體以偶賤倡
可乎上蔡謝公亦言恭叔不是擺脫得開只為
立不住便放了胡文定公亦云人須是於一切
世味淡薄方好不要有富貴相周恭叔才高識
明初年甚好後來只緣累太重若把得定儘長
進在

邢尚書

名恕字和叔其行事詳其國史及邵伯温辨誣
等書云邢和叔後來亦染禪學其為人明辨有
才後更曉練世事其於學亦日月而至焉者也
又云謝良佐曾問涪州之行知其由來乃族子
與故人耳先生曰族子至愚不足責故人至厚
不敢疑族子謂程公孫故人謂邢恕孟子既知
天安用尤臧氏因問邢七雖為惡然必不到更
傾先生也先生曰然邢七亦有書到頤云屢於
權宰處言之不知身為言官却說此話未知傾
與不傾只合救與不救便在其間又問邢七久
從先生想都無知識後來極狼狽先生曰謂之

全無知識則不可只是義理不能勝利欲之心便至於此也上蔡語錄云邢七自言一日三點檢伯淳曰可哀也哉其餘時勾當甚事蓋放三省之說錯了可見不曾用功又多逐人面上說一般話伯淳責之邢曰無可說伯淳曰無可說便不得不說

伊洛淵源錄卷第十四終

伊洛淵源後叙

昔孔子纘述群聖之道至孟子而愈明孟子之後至二程夫子始克紹其緒程子之學得於周子而益闡之當時師友之盛可追洙泗諸子非漢儒之所敢望及考亭朱子出又能集厥大成而折衷之蓋伊洛淵源一書凡周程張邵及其門人之言行政事無不備載而聖賢相傳之道炳然見於其中如五緯之麗天百川之有源委其有功於世教大矣

大參蘇公伯脩須在鄂省鋟梓武昌郡庠及蒞浙省又命刊于吳學會郡守蕭侯仁甫慎長獲獨步丁成之克相其成所以惠後學益廣矣公之自叙有曰能

本於聖賢脩己之學而不溺於詞章記誦之習能明於聖賢治人之方則不詠於權謀功利之說至哉言乎夫脩己者道之立治人者道之行堯舜禹湯文武之所以為君者此道也孔子與後世諸君子之所以為師者亦此道也外此而詞章記誦權謀功利其於道也遠矣公之是書必欲求聖賢脩己治人之實而為不為虛文其

國家培植基本敦厚風俗之意又切矣學者讀是書而進之其可不知公之用心者哉世安忝教于茲故不揆而僭附於序末云至正九年己丑春三月朔永嘉李世安敬序

終

查伊洛淵源録十四卷元至正癸未蘇天爵刊本

書後有至正九年李安序見郘亭書目史部

傳記類